〔英〕坎贝尔·普赖斯 Campbell Price 著 ——————————— 李永学 译

口袋博物馆

古埃及 ///////////// UNREAD

Pocket Museum:
Ancient Egypt

上海文化出版社

目录

前言

论博物馆藏品类别受人喜爱的程度，"古埃及"仅次于"恐龙"，屈居第二。以埃及学为主题的展览非常普遍，即使博物馆中的埃及展品寥寥无几，甚至完全没有，礼品店照样大量出售以埃及为主题的物品。许多人甚至将博物馆等同于"对古埃及的认知"。这是为什么呢？或许，正是法老时代埃及物质文化带给人的亲切感，造就了其魅力。在人们的想象中，古希腊与古罗马的物品往往有些雷同，而古埃及物品的视觉特征则与它们极为不同，自成体系。无论是校内的学生还是成年人，往往都更熟悉埃及文物，而不是中美洲（Mesoamerican）或欧洲的考古文物。这种情况显然得益于古埃及在现代通俗文化中的广泛影响，但同时也说明，这些古文物本身具有十分重要的特性。

古埃及的艺术规范深入人心，当时的工匠在制造产品时，会采用同一套视觉语言，并努力让它们看上去"正确"。人们在早期王国时期制定了工艺标准，在随后的三千年中，许多普通图案的表现方式几乎未变。埃及高雅文化倾向于照搬或者借鉴较早的作品，这也确保了概念和意象的连贯性，让它们从最初一批国王出现的年代一直延续至罗马皇帝统治之时。这种异乎寻常的文化延续性是通过形式与类型的近似性体现的，它或许暗示了极端的文化保守主义。然而，埃及艺术可以具有任何特点，唯独谈不上保守。这种艺术既能够接受埃及内部的创新，又能够接受来自国外的影响。例如，阿马纳时期（Amarna period）的葬仪图案，或者受到波斯或罗马启发的葬仪图案，都能够表明艺术生产的活力。因此，我们应该关注的，是从最微小的物件，到最宏伟的遗址所展现的法老时代埃及艺术的自信，而不是它们的保守。

总之，古埃及的艺术品非常值得收藏。埃及艺术品通过各种各样的渠道进入博物馆，但每条渠道都是未知的。从公元 18 世纪后期开始，古埃及便如同海市蜃楼一般出现在欧洲思想界的地平线上。在此前的许多个世纪中，阿拉伯学术界早就对古埃及颇为熟悉了，在经典文献与《圣经》资料中也有关于古埃及的叙述。拿破仑在 1798 年至 1801 年开展的埃及探险将这个国度引入了欧洲政治语境，由此产生的大部头著作《埃及记述》（Description de L'Egypte，1809—1929 年出版）更是经常被人称为西方大规模研究与收集古埃及文物的开始。政府与私人收藏家争先恐后地哄抢最具价值的文物，但无论这种行为是否得到官方许可，他们都很少准确地记录这些文物的发现地点。曾几何时，古埃及文物只不过是偶然出现在珍奇陈列室中的附加品，但后来，它们却变成了私人家庭与国家博物馆争相收购的重要对象。在这一过程中，收藏家与鉴赏家们为了了解"古代埃及"而进行了探索，却对文物造成了无法弥补的破坏。

尽管人们经常赞扬考古发掘，称它们是客观与科学的行为，但它们往往达不到这两条标准。在埃及工作的考古学家们煞费苦心地选择他们希望发掘的遗址地点与种类：那些既易于获取文物，当地劳力又乐于协助他们的遗址。现场的考古发掘可能漫无计划。1880 年至 1980 年，埃及政府允许发掘者带走一定比例的出土文物。正是由于在埃及存在着这种对发掘成果的所谓"分配"系统，某些地点（通常是墓葬或者神殿）大受考古学家的青睐，他们希望为自己的财政赞助人带来最丰厚的回报。即使在那个时候，专家们也特别看重某些文物，而另一些文物却受到损坏，有的甚至被毁弃。

一旦文物被收入博物馆，人们便会基于其学术或美学价值，来挑选用于研究或者展出的物品。尽管这些文物的来源迥异，博物馆馆长仍试图根据自己的选择，构建起一个包罗万象的故事。"古埃及"这一概念涵盖的时间、地理范围极广，以至于人们能轻而易举地对其进行简化、提炼。在考古学家或者收藏者发现残存的物证之前，它们自身已经发生了变化。由于尼罗河（River Nile）的改道逐步摧毁了大部分古埃及人的居所，或者由于现代城市刚好建在古代的地层之上，古代的定居点遗迹寥寥无几，得以留存下来的那些往往是沙漠边缘的墓葬。这些墓葬中的物品由死者的在世家属（而非死者本人）放入，对物品的选择出于各种仪式需要。就算这些文物侥幸逃脱了盗墓者和

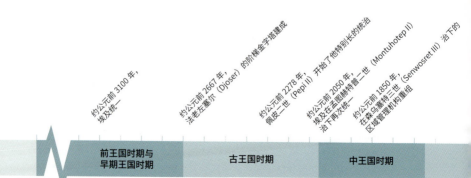

约公元前 3100 年，埃及统一

约公元前 2667 年，法老左塞尔（Djoser）的阶梯金字塔建成

约公元前 2278 年，佩皮二世（Pepi II）开始了他特别长的统治

约公元前 2050 年，埃及在孟图赫特普二世（Montuhotep II）治下再次统一

约公元前 1850 年，在森乌塞特三世（Senwosret III）治下的区域管理机构重组

前王国时期与早期王国时期	古王国时期	中王国时期

公元前 5300 年　　公元前 3200 年　　　　公元前 2700 年　　　　公元前 2055 年　　　　公元前 1550 年

时间的侵袭，它们也几乎被富人所垄断。古埃及社会极为不平等，能接触到高雅文化产品的人只占极少数。纪念碑和木乃伊的制作耗资巨大，因此，我们掌握的证据大多表明，只有上层阶级能永存不朽。于是，我们便面临着一种双重偏差：大多数博物馆中的展品既过分偏重于表现最富裕的社会成员，又偏重于展现死者。

考虑到以上这些注意事项，本书按照历史的进程分为七章，为读者呈现了近两百件文物，试图以此描绘古埃及文明的一些特点。每章之内，文物的安排基本按时间顺序，并根据题材分组，即日用品或装饰品、与国家和法老有关的物品、与宗教仪式有关的物品，以及那些与死亡和来世有关的物品。基于古埃及人世界观的基本特征，上述分组并非绝对标准，有时同一件文物可能属于两个或更多的类别。

这些文物的保存状态特别完好，因此，尽管只是管中窥豹，但在惊鸿一瞥之下，我们仍然能够对一个与现代社会大相径庭的世界产生深刻的印象，并从中发现一些让我们感到熟悉的东西。当然，古埃及人自身希望讲述的，是那些呈现在宏大的纪念碑上的故事。本书对许多雕塑作品的选择部分反映了作者本人的兴趣，同时也能体现这种艺术表现形式在文化上的重要地位。金属制品经常被人们反复使用，因为它们十分罕见，而易于腐朽的有机物品则让我们得以窥见许多"普通"埃及人的日常生活用品。这些文物中的每一种都可以为我们提供一段片面却不可多得的体验，让我们看到一个古埃及人可能会有的经历。

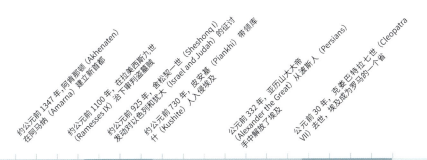

约公元前 1347 年，阿肯那顿 (Akhenaten) 在阿马纳 (Amarna) 建立新首都

约公元前 1100 年，在拉美西斯九世 (Ramesses IX) 治下审判盗墓贼

约公元前 925 年，舍松契一世 (Sheshonq I) 发动对以色列和犹大 (Israel and Judah) 的征讨

约公元前 730 年，皮安基什 (Piankhi) 人入侵埃及 (Kushite)

公元前 332 年，亚历山大大帝 (Alexander the Great) 从波斯人 (Persians) 手中解放了埃及

公元前 30 年，克娄巴特拉七世 (Cleopatra VII) 去世，埃及成为罗马的一个省

新王国时期	第三中间期	晚期	罗马统治时期
公元前 1069 年	公元前 747 年	公元前 30 年	公元 395 年

古埃及地图

埃及位于非洲东北部，尼罗河是埃及境内的主要河流，它向北流入地中海。除了尼罗河两岸外，埃及以沙漠地形为主。与如今一样，埃及文化在古代的影响远远超出了它的疆界。

地中海

罗塞塔
亚历山大港
塞斯
塔尼斯
阿瓦利斯
布巴斯提斯
赫利奥波利斯
瓦迪·艾尔纳纳特伦
孟斐斯
塞加拉
达赫舒尔
开罗
西奈
法尤姆
哈瓦拉
古罗布
赫拉克雷奥波利斯
美杜姆
卡洪
塞拉比特卡丁
拜哈里耶
绿洲
下埃及
埃尔穆波利斯
贝尼哈桑
阿马纳
红海
艾斯尤特
西部沙漠
阿赫米姆
哈里杰
绿洲
达赫莱
绿洲
阿拜多斯
哈马特干谷
丹达拉
柯普托斯
奈加代
底比斯(卢克索&卡纳克)
耶拉孔波利斯
伊德富
上埃及
考姆翁布
阿斯旺
第一瀑布
敦古勒
绿洲
尼罗河
阿布辛贝
布亨
努比亚
沙漠
第二瀑布
苏丹
N
第三瀑布
科尔马
卡瓦
尼罗河
第四瀑布
纳帕塔
博尔戈尔山
第五瀑布
千米   100
英里   60
麦罗埃

埃及的起源

卡塞凯姆威（Khasekhemwy）的这座塑像（见第 12 页图）是世存最早的明确展现法老形象的塑像之一，是人们利用碎片复原的。卡塞凯姆威头戴上埃及（Upper Egypt）的白色王冠，身穿"狼神节"王室欢庆日（Heb Sed, 即 Feast of the Tail），是古埃及欢庆某位法老持续统治的庆典，名字取自埃及狼神 Wepwawet, 亦称 Sed。而不那么正式的名字，"尾巴节"则指的是埃及历史早期的法老服饰背后拖着的动物尾巴——译者注）应该穿的长袍。塑像的底座雕出了 47209 个被杀的敌人的细节，他们显然是下埃及人（Lower Egyptian）。

大约公元前 4500 年，非洲东北部的气候变化造成了人口的逐步迁徙。更为干燥的气候迫使新石器时期的采集者与大型野兽狩猎者紧靠尼罗河定居，这时的沙漠入侵让人类的生活更为艰难。尼罗河成了这个新生的国度得以统一的大动脉，也可以说是支撑它的坚固脊梁。

前王国时期的埃及人开发了多种渠道来利用资源，其中既包括国内资源，也有远离埃及的资源。事实证明，经过加工的半宝石（Semi-precious Stones）和来自海岸线的贝壳是个人装饰的有用资源，为埃及人提供了重要的贸易往来。石器制造方面的发展是他们最重要的进步之一。这一技术使用简单的铜和燧石工具，用沙子作为研磨料，让当时的人们可以雕琢与磨制巨大的石头容器。事实上，"手艺"一词的象形文字就是一个图形符号，代表着在制造这种容器的劳动密集型生产中使用的一类弓钻，证明了这类容器在早期文化中的重要性，也说明它们扮演了后世法老纪念碑文明之先驱的角色。

对前王国时期情况的解释说明往往不会围绕定居点展开，而是更多地聚焦于经过大规模考古发掘的众多墓葬地，这与其他任何时期的情况均有所不同。以后世的标准来衡量，前王国时期的墓葬比较简单，其中的尸体以胎儿姿势蜷伏，尸王室成员的名字是王室身份的关键标志。下图所示的这块石柱上只有一个王室成员的名字，即德赫特王（King Djet）的名字，它位于一个宫殿正面图框之内，人们将这种结构称为"西琉克"（Serekh）。在这座宫殿的上面端坐着一只威严的猎鹰，它代表着荷鲁斯神（God Horus），后者与这位法老密切相关。

体上覆盖着兽皮或者席子，放在浅浅的墓穴中。沙漠中沙子的脱水作用往往使尸体得以自然保存。古埃及人观察到了这种自然保存尸体的现象，据说，这一点成了后人发明保存尸体的艺术性人工木乃伊制作方法的决定性因素。我们不清楚这种说法是否正确，或许更有可能的是，社会在变化，催生了更加精致地包裹死者的仪式性做法。因此，包裹尸体并进行防腐处理的目的可能并不在于保存遗骸。

墓葬中的文物表明，这时已经出现了对于死后世界的想象，而墓葬中选择的物品体现了社会分化的形式。墓葬中通常存有首饰；此外，人们用硬砂岩调色板捣碎颜料，来为死者化妆。陶制容器代表死者具有某种能力，可以在来世或者在走向来世的道路上食用与饮用容器中盛装的东西。墓葬中还存有武器，以权杖头为形，这可能象征着死者的社会地位，或者意味着他在来世或者走向来世的路上必须保护自己。

英国考古学家威廉·马修·弗林德斯·皮特里（William Matthew Flinders Petrie，1853—1942 年）曾在埃及南部的奈加代（Naqada）确定了数以千计的前王国时期墓葬的位置，当时他假定它们属于入侵者中的一个"新种族"，因为他认为，在墓葬中发现的物质文化与其他墓葬中的极为不同。尽管皮特里最后承认他的上述推测是错误的，但他的初期理论仍然具有很大的影响，而他关于陶器的相对性"顺序纪年法"仍然普遍有效。

前王国时期基本上不存在书面资料，因为只有当这个时期结束的时候，才出现了幸存的短小"文字资料"——一些断断续续的说明和标志。连续的文字在此后好几个世纪中都未曾出现。因此，在前王国时期，人们的世界观主要是通过图画形象来表达与解释的。重复出现的图案模仿埃及的河岸风光，包括水、船、植物、动物和人，这些图画最常用的媒介是陶器。尽管在今天，并非专家的大多数普通人都无法一眼认出这是"埃及的风格"，但这些新近生成的形式最终促成了法老视觉文化的建立。

埃及最终大约于公元前 3100 年统一，变成了一个单一"民族"的国家，但这一说法犯有时代错误，因为这一过程要比那尔迈（Narmer）仪式调色板（见第 28 页图）上所表现的更为平和与缓慢。在埃及人的自我感知中，最重要的是国王的形象。政府当时只不过是以王宫为中心的一个机构，由少数与统治者关系最亲近的人组成。很有意义的一点是，流传久远的象形文字似乎始于王室成员的名字，它最早被写在标志性宫殿建筑的仿制模型之内。在某种意义上，统治者等同于宫殿。

在埃及阿拜多斯（Abydos）的皇家陵园中，第一批国王［其中有一位名叫美丽奈斯（Merneith），她似乎是个女人］的名字可以通过铭刻着名字的物品得以确认。后来的埃及人将历史与神话混为一谈，并在这个大墓地中确认了奥西里斯神（God Osiris）的陵墓。阿拜多斯的圣地叫作乌姆·卡伯（Umm el-Qaab，阿拉伯文，意思是"陶罐之母"，指的是进香者为奥西里斯进献的贡品），它也是埃及王权的诞生地。

阿拜多斯到处都是陶罐碎片，它们是由无数进香者留下来的。这些陶罐中放进香者献给奥西里斯神的供品。作为统一的"上下埃及"最早的国王陵园，阿拜多斯是埃及进香者心目中最神圣的地点之一。有关这些最早期国王的历史记忆与奥西里斯神话混淆在一起。

带有皱褶的衣服

约公元前 3482—前 3102 年
亚麻 · 长: 58 厘米
来自塔克汗（Tarkhan），埃及
伦敦皮特里埃及考古博物馆，英国（Petrie Museum of Egyptian Archaeology, London, UK）

　　埃及的一些有机物文物令人吃惊地保存了下来，其中甚至包括像亚麻布这样纤弱的物品，它们为我们提供了一些有关生活的深刻图像，这或许是其他来源的资料从未描述过的。第 17 页图中所示是一件"V"形领口、有些地方带有褶皱的衣服，这是世界上已知最古老的编织衣物，由三份不同的手工纺织物缝制在一起。胳膊下面和手肘部位有折痕，这说明确实有人穿过这件衣服。因为衣物非常昂贵，所以人们普遍使用穿过的衣服来包裹死者。到了 2015 年，人们才通过可靠的测试发现，这件衣服的年代比人们过去的推测还要早几个世纪。

河马碗

约公元前 3500 年
带有白色手绘装饰的陶器·直径: 23 厘米
来自马哈斯纳（El-Mahasna），埃及
曼彻斯特博物馆，英国（Manchester Museum, UK）

尽管在现代人眼里，河马看上去"乖巧可爱"，但它们现在仍然是非洲最危险的大型动物之一。河马在埃及文化中代表着混乱，因此，它们围绕这只碗的边缘漫步或许代表着对自然的控制。在稍晚些时候的埃及物质文化中，这种对于危险实体的力量的驾驭成了该文化的典型特征。显而易见，代表法老的河马以塔沃里特母神（Mother Goddess Taweret）的保护者形象出现，集中体现了这种动物的可怕及其强大的生育能力。这些特点被用以保护孕妇与儿童。这只河马碗是人们在前王国时期制造的，我们很难断定，制造者当时是否刻意让它带有这种含义。

右图这只碗中或许曾经装有为死者的来世准备的供品，它也代表着坟墓能够源源不断地补充食品供给。在发现这只碗的坟墓中还有雕琢过的河马獠牙。坟墓主人竟然会拥有这么多来自河马的象征符号的力量，其中的原因非常引人遐想。说不定在这座坟墓中，埋葬的曾是一位仪式主持人或者治疗师呢，可惜这些都无法考证。

在流经当今苏丹（Sudan）境内的尼罗河中肉搏的河马。古埃及人描述过河马好斗的狂叫声，据说这种叫声在几百英里外都能听到。

绘有风景图案的容器

约公元前 3400 年
带有红色颜料装饰图案的陶器
高: 32 厘米, 直径: 28 厘米
来自埃及
曼彻斯特博物馆, 英国

带有这种粗犷的简单装饰的陶器最初不一定是王室的独有物品。它们事实上具有前王国时期埃及艺术的特征, 并且魅力十足, 因此后世时常有人打造赝品。人们曾就它们的意义和象征性做了许多讨论。高度风格化的场景似乎说明它们具有风景画的特色。最普遍的图案是我们在这里看到的长颈鸟类, 它们或许是鸵鸟或者火烈鸟。陶器上还绘有带船桨的船, 以及代表山坡或者山岭的三角形。有人类出现的场合更像是某种仪式, 而不是居家的日常生活场景。紧靠容器开口边缘下面的小突起状把手上带有穿孔, 是用来悬挂容器的。

龟形化妆调色板

约公元前 3500 年
硬砂岩·高: 13.8 厘米,
宽: 10.2 厘米
极有可能来自奈加代,埃及
波士顿美术博物馆,美国(Museum
of Fine Arts, Boston, USA)

　　古埃及人,无论男女,都会在眼睛周围化妆。眼部化妆常用孔雀石或者方铅矿,上图中这块平坦的石头调色板为捣碎这类颜料提供了理想的表面。这种化妆具有抗菌效果,同时也能减轻阳光的暴晒。化妆调色板经常出现在前王国时期的墓葬中,这说明当时的埃及人很看重外貌。许多调色板被做成了动物的样子,如乌龟或者鸟类。尽管在如此遥远的时代,动物的象征性含义在埃及还不很清晰,但尼罗河沿岸的乌龟必定是人们司空见惯的动物。

刻有基督教铭文的化妆调色板

约公元前 3500 年
硬砂岩·高: 33.7 厘米, 直径: 10.2 厘米
来自埃及
亚特兰大迈克尔·C. 卡洛斯博物馆, 美国 (Michael C. Carlos Museum, Atlanta, USA)

　　来自埃及的文物很少像这样, 在诞生之后历经漫长岁月, 最终再次为人所用。大约在公元前 3500 年, 这件文物的创造初衷是为人们提供捣碎颜料的台面。这块石头调色板具有平坦、光滑的表面, 适于捣碎化妆颜料, 但正是这些性质, 让它成为后人雕琢铭文的理想载体。古埃及人时常在带有字迹的物件上添加文字或者将其重新使用, 而对于这块调色板来说, 从创造出来到最后使用, 中间相隔了四千年的悠悠岁月。在可以清楚辨认的十字架标志之下, 调色板上的铭文是一份无法破译的诺斯替教派 (Gnostic) 文字。诺斯替教派是早期基督教的一种秘传形式, 教徒曾于公元 1 世纪在埃及境内活动。

珍贵的彩色珠串

约公元前 4200—前 3300 年
玛瑙，石英，釉面滑石，青金石·长: 11.5 厘米
来自乌姆赛德（Mesaid），埃及
波士顿美术博物馆，美国

　　在古埃及文化中，装饰身体是一种暗含竞争性
的行为。有些人足够富裕而且有办法找到资源，他
们能够托人制造代表高贵身份的炫耀性物品。这些
珠子可以穿成一串，挂在脖子、手腕或者脚踝上，
代表着一个采矿与贸易的大规模网状体系创造出的
最终产品。当然，埃及国内有石英和釉面滑石矿产
资源，但艳红色的玛瑙和宝蓝色的青金石必须从遥
远的地方进口。这些珍稀石材对于生者与死者都有
象征意义，它们的绚丽颜色使象征意义得以体现。

建筑物模型

约公元前 3200 年
陶器·高：24.2 厘米，长：38 厘米，直径：26.7 厘米
来自阿姆拉（El-Amra），埃及
伦敦大英博物馆，英国（British Museum, London, UK）

　　由于埃及当地古代文化遗址的自然保存条件，与石材结构的陵墓和神殿相比，砖木结构的幸存建筑物寥寥无几。直到今天，大多数埃及人仍然选择居住在尼罗河的泛滥平原上，那里由易腐朽材料建造的古代建筑物基本上已荡然无存。所以，如下图所示的这类模型便是一种非常有用的工具，它们能够告诉我们，当年古埃及的建筑物看上去是什么样子。我们不清楚图中所示的这个有顶结构用的是哪种材料，但看上去是黏土砖材料，门窗框架用的是木材。建造这一模型的目的或许是为死者的灵魂另外提供一处居所，这与后世的所谓"灵魂之屋"的目的类似。

狮形游戏棋子

约公元前 3000 年
象牙·高：3 厘米，宽：2 厘米，
长：5.7 厘米
来自阿拜多斯，埃及

芝加哥东方研究所，美国（Oriental
Institute, Chicago, USA）

虽然狮子代表王室与神明的威严，但它们也可以在更为普通的家居环境下出现。按照其本身的性质，这个做工精细的牙雕可以算是一件小型雕塑，与它同时发现的还有其他几件雕塑作品，看上去都是作为游戏中的棋子使用的。在塞加拉（Saqqara）的一座年代稍晚些的赫塞尔（Hesire）的墓葬中，人们发现了有关这些物品的一份说明，同时还有一副"棋盘"。这说明这些棋子是放在棋盘上的，有点像现代的国际跳棋。墓葬中放入了游戏用的棋子，这暗示着一种仪式上的意义，而不仅仅是代表来生的消遣。

超大型石质容器

约公元前 3200 年
斑岩·高: 56.5 厘米,
直径: 61.6 厘米
来自耶拉孔波利斯
(Hierakonpolis),埃及
曼彻斯特博物馆,英国

古埃及纪念碑的惯常形式是石质塑像或者石柱,但在前王国时期和早期王国时期,庞大的硬石容器也是彰显地位的一种重要方式。在埃及,历经多个世纪的发展,石器制造技术已经获得改进。图中所示的这类大型容器显然需要大量人工,需要历经几个月的时间,用燧石弓钻雕琢,用沙子研磨。最后形成的石质容器带有两个耳状把手,不过人们很可能根本不会用到它们,因为这种物品不适于运输。这个容器没有实用价值,这说明,这件物品是在神殿中的仪式上使用的。

蝎子权杖头

约公元前 3100 年

石灰岩·高: 25 厘米

来自耶孔拉波利斯, 埃及

牛津阿什莫林博物馆, 英国
(Ashmolean Museum, Oxford,
UK)

埃及的王权可以一直追溯到这个国家统一之前。如果有人希望得知关于埃及的国王和王庭的描述, 则这一早期权杖头包含他需要的第一批关键元素。在这里, 我们能够看到一位人称"蝎子"的统治者, 这样称呼他, 是因为他的形象中带有蝎子形标志。从图中我们可以看到, 他头戴一顶高高的王冠, 这种形式具有埃及南部的风格。他正在行使埃及法老的一项关键职能: 为耕种破土。推而广之, 他正在以此承担丰年保证者的责任。这个超大型的权杖头是描述国王行为的象征性媒介。

那尔迈调色板

约公元前 3100 年
硬砂岩·高：63 厘米
来自耶拉孔波利斯，埃及
开罗埃及博物馆，埃及（Egyptian Museum, Cairo, Egypt）

第 28 页图中所示的那尔迈调色板是对埃及王权神话最本质的陈述。它一方面清楚地显示了王权，同时也具有多重象征性含义。在耶拉孔波利斯，当考古挖掘者詹姆斯·奎贝尔（James Quibell）发现了这件保存完好的文物时，他当时的震惊可想而知。事实上，这个"调色板"形似石碑的刻写板，它的背面才是一块化妆调色板，背面表现的是两头半狮半鹫的怪兽，它们互相交缠的脖颈围成了碾压颜料的区域。埃及古物学者们在它出土之后对此做出了文字解释，认为在调色板的主要场景中，创造者表现了南部君主在对抗其北方对手时，一次毕全功于一役的皇家征讨的胜利。实际上，较小的国家很可能是更为平缓地并入它们的巨无霸邻国的，整个过程并非如调色板描绘的那样一蹴而就。这块调色板建立了描绘法老形象的关键准则，形成了沿用几千年的惯用表现手法。雕塑表现的那尔迈要比他的仆从和敌人高大得多，他举起手臂，紧握着一把高高擎起的权杖，用以捶打他的敌人。调色板的创造者采取了令人印象深刻的修辞手法，把一脸胡须的敌人比作一汪沼泽，它被一只猎鹰征服。毫无疑问，那尔迈就是那只胜利的猎鹰，这便确定了这位统治者和以猎鹰为标志的荷鲁斯神之间的重要联系。

那尔迈调色板的背面有一处凹陷，这就是用来使化妆调色板功能的区域，人们可以在上面混合颜料。这个区域是由两头神话中的怪兽交相缠绕的脖颈框定的，这或许揭示了非埃及本土的影响。

双犬调色板

约公元前 3100 年
硬砂岩·高：42.5 厘米
来自耶拉孔波利斯，埃及
牛津阿什莫林博物馆，英国

　　从古埃及早年开始，埃及人的意识形态观念便是努力寻求秩序，并让自我意识与外部的混乱保持鲜明的对立。右图展现了一个能够唤起人们记忆的图案，让人们感受到埃及人在统一前后的忧虑。调色板上的场景由两只看上去像豺的狗和许多杂乱无章的动物构成，这些动物有些是真实存在的，有些是虚构的。这是几块超大型仪式调色板中的一块，它们仍然保留着用于捣碎颜料的中心凹陷区域。这些仪式用调色板向我们展现了令人动容的画面，创作者在上面描绘了近似于历史的场景，像是在向神灵敬献永恒的礼品。

描述国王丹（King Den）的牙雕标签

约公元前 3000 年
象牙·高：4.5 厘米，
宽：5.3 厘米
来自阿拜多斯，埃及
伦敦大英博物馆，英国

镌刻着图案的象牙或者骨头标签是埃及立国信息的珍贵来源。下图所示的这个标签来自阿拜多斯的国王丹的陵墓，或许是用来标识那些为国王的来世准备的物品的。比他更早些的那位名叫那尔迈的国王有一块著名的调色板（见第 28 页图），其中表现了他用权杖击打一位埃及内部敌人的情景。丹与那尔迈不同，他打击的敌人不是埃及人。这是鼓吹仇外思想的第一批例子中的一个，这一思想将成为埃及这个法老国家的核心。丹高举权杖，击打着一个带有"东方人"特点的敌人——或许是一位利比亚（Libyan）的酋长，或者只不过是东方人概念的拟人化象征。

加贝尔阿拉克（Gebel el-Arak）刀

约公元前 3200 年
象牙，燧石·长: 25.5 厘米
极有可能来自阿拜多斯，埃及
巴黎卢浮宫，法国（Louvre, Paris, France）

　　燧石是一种对埃及人的世界观具有头等重要性的材料。它是制造切割工具的有效材料，因此具有使用价值；此外，它在埃及人的仪式上也具有重大的意义，所以它在整个埃及历史上一直得到保留。它与早期的各个时期保持着极为紧密的联系，而一些最精细、制作技艺最为精湛的刀刃来自前王国时期。这把刀身呈薄片状水波纹的燧石刀带有装饰精美的象牙手柄，制作者在手柄上使用了浅浮雕的手法，细密地雕刻了尼罗河附近的环境，其中有好几批男子，他们显然正在船上徒手搏斗。这种雕刻方式或许受到了美索不达米亚（Mesopotamian）图案的影响。

女性小雕像

约公元前 3600 年
赤土陶器·高: 29.2 厘米, 宽: 14 厘米, 厚: 5.7 厘米
来自玛玛利亚（Ma'mariya），埃及
纽约布鲁克林博物馆, 美国（Brooklyn Museum,
New York, USA）

 在现代人的眼里, 这个涂色的赤土陶器小雕像十分奇怪, 它的头部像鸟嘴, 而且表现手法自由, 与其他埃及艺术品大不相同。然而, 无论是从二维还是三维的角度上来说, 对于人体的这种简单、省略的描述方式确实是这一时期的风格。这个女性小雕像的两只手臂在她的头部以上, 这种造型与大约同一时期的装饰陶器上的图案相契合, 因此可能是一个仪式姿势。这个小雕像的象征意义或许与提高生育能力有关。

那尔迈狒狒

约公元前 3100 年
石灰岩·高: 52 厘米
来自埃及，具体地点不详
柏林埃及博物馆，德国（Egyptian
Museum of Berlin, Germany）

第 35 页图中的文物是以动物形式出现的大型石雕的最早例子之一，动物形式将成为后期埃及艺术的一个特点。这个作品表现的是一只阿拉伯狒狒，一个富于侵略性的物种，它的身上体现了神灵的能力和原始的力量。它代表的神祇很可能是"伟大的白色神灵"，这一命名与月亮相关。代表眼睛的空洞内或许镶嵌过另一种材料，但人们无须镶嵌也能达到戏剧性效果。底部有潦草写下的文字，经确认为"那尔迈王"，这件作品有可能就是为了献给他而创作的。

彩色陶器狒狒

约公元前 3000 年
彩色陶器（以下简称"彩陶"——译者注）·高: 8 厘米
来自耶拉孔波利斯，埃及
剑桥菲茨威廉博物馆，英国（Fitzwilliam Museum, Cambridge,
UK）

狒狒的顽皮魅力模糊了它们在古埃及历史上严肃的宗教含义。左图中所示的这个作品是一大批敬神物品中的一个，是作为献给神灵的礼物而创作的。大批积蓄这些艺术品的目的究竟是什么？人们是准备保留它们，等待以后再献给神灵呢，还是神殿中的工作人员享有制作与销售彩陶的垄断经营权？对此我们毫不知情。有人认为，当时的埃及人是通过把铜制工具的切削碎屑与热石英砂混合而发现了彩陶的。另一个大得多的纪念碑作品的象征性意义与这件彩陶狒狒类似。

麦格雷戈男子雕像

约公元前 3200 年
黑色玄武岩·高: 39.5 厘米
来自埃及，具体地点不详
牛津阿什莫林博物馆，英国

　　雷 夫 德 · 威 廉 · 麦 格 雷 戈 (Revd
William MacGregor) 拥有一批令人动容
的埃及古物藏品，这座男像（左图）据
说是其中最著名的一件。塑像表现了一名
男子，他的长胡子下端呈尖端状，还有一
个阴茎套。我们不清楚此人的身份，或许
是神祇、统治者或者是某个上层社会成员。
雕像保存完好，工艺高超，远超其他藏品，
这让人对其真实性有所怀疑。然而，人们
在其他出土文物中也找到了类似的人类
雕像，因此大部分人相信它是一件真实的
古物。

敏（Min）的巨型塑像

约公元前 3300 年
石灰岩·高: 1.8 米
来自柯普托斯（Coptos），埃及
牛津阿什莫林博物馆，英国

　　右图是表现一名男子紧抓自己勃起的
阴茎的三座巨型塑像之一。由于这一独特
的姿势，人们认为，这座塑像反映了生育
之神"敏"的一个早期形式。这座塑像最
初的直立高度在四米以上，矗立在一座神
庙之内或者几乎刚好在神庙外。这座巨型
塑像被推倒之后，在几百年甚至几千年间，
许多人希望得到塑像所象征的生育能力，
因此从上面刮去了大量碎屑，结果给它的
表面造成了许多磨损。

船上的男子小雕像

约公元前 4000—前 3500 年

陶器·高：8.8 厘米，宽：11.3 厘米，
长：23.5 厘米

来自阿苏特（Assyut），埃及

国家古物博物馆，莱顿，荷兰
（Rijksmuseum van Oudheden,
Leiden, Netherlands）

在整个埃及艺术背景下，下图所示的这个小雕像是相对不寻常的，因为它展现了一个罕见的题材：一具非木乃伊的尸体。这是在前王国时期一系列表现船的作品中的一个，这些作品强调了河流运输对于埃及人的核心作用，以及河流作为走向来世的一条通道这一功能。死者是一位长着胡须的男子，持胎儿姿势：这是在前王国时代与早期王国时代墓葬中死者最常采用的姿势。四肢的不对称让这一雕塑具有不同寻常的表现力。

圆盘状权杖头

约公元前 4000—前 3500 年
斑岩·底部直径：2.4 厘米，
长：9.1 厘米
来自阿黛马（Adaima），埃及
纽约市布鲁克林博物馆，美国

　　无论死者是何种性别，人们均会为其提供武器，供他们在通往来世的路途中以及来世生活时使用。尽管在墓葬中放入一个权杖头可能说明死者生前习武和由此而来的社会权力，但这些物品通常太小，无法给敌人造成严重的伤害，不管这样一个模型是具有魔法的潜在能力，还是可以在来世用作武器。人们把这个权杖头设计为圆盘状，让它可以砍进敌人的头颅，造成致命伤。许多坟墓中都能找到这样的武器，这一点或许意味着，前王国时期的埃及人认为，需要经过斗争才能到达来世，或者在他们到达那个世界时会有暴力现象发生。

象形供品盘

约公元前 3000 年
硬砂岩·高：3.5 厘米，宽：14.4 厘米，长：17.6 厘米
来自埃及
纽约市大都会艺术博物馆，美国（Metropolitan Museum of Art, New York City, USA）

　　埃及殡葬仪式的目的是使死者的灵魂得到延续。这一供品盘（右下图）强调了埃及人对于双关语以及词语与形象之间相互作用的喜爱。这件物品是由两个相互锁扣的符号组成的：双臂代表灵魂（Ka），它们抓住了围成一圈、代表生命的"T"形十字（Ankh）。所有这些共同构成了生与死之间的本质关系。灵魂是活着的，它需要食物和饮品为它提供营养。这个供品盘的形状同时彰显了仪式的原因与结果：提供供品，从而让灵魂得以存留。

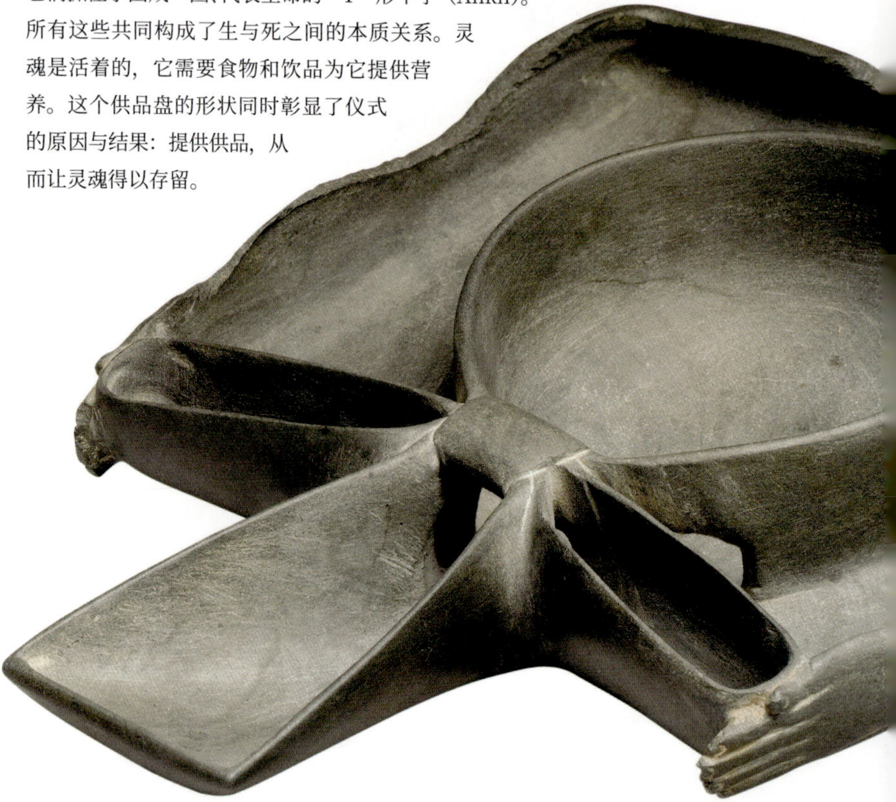

陶器面具

约公元前 3500 年
陶器·高: 20 厘米, 宽: 18 厘米
来自希拉康波利斯 (Hierakonpolis), 埃及
开罗埃及博物馆, 埃及

  对这个看上去如梦如谜的面具 (右图),
人们做出的最佳解释是: 它代表着古埃及之
后出现的"木乃伊面具"的前身。这个面具用麦
秸回火的陶器制成, 表面覆盖了一层红色的化妆土
(由黏土与水混合制成的糊状物, 用于陶器装饰——译者
注), 是人们在希拉康波利斯的一座墓葬附近发现的。它是
描画人脸的几个破损物件之一。制模的细节为人们展示了
表情异常丰富的面部, 这在较晚的法老时期艺术中已经不
复存在了。我们不应该排除这样一种可能性, 即有
活人使用过这个面具: 后世的埃及人似乎
在表演中使用过为眼睛留出孔洞
的面具。

坐姿男子塑像

约公元前 3100—前 2800 年
石灰岩·高: 42.5 厘米
来自阿布西尔（Abusir），埃及
柏林埃及博物馆，德国

　　在埃及早期历史上，非王室成员也和神灵或者
国王一样，通过塑像来展现自己。供奉仪式上的石
质塑像可以让人长久地展示自己的形象，即使他的
尸体遭到损坏也不受影响。这件文物（见第 43 页图）
就是早期非王室塑像的一个范例，它或许来自一座
墓葬的小圣堂，展现了摆出一种典型的高贵姿势的
死者：他坐在一把矮椅子或者一个板凳上，戴着造
型精美的假发，身上包裹着昂贵的亚麻纺织衣物。
塑像的一只手从斗篷中伸出，这一姿势延续了几千
年之久。塑像的眼睛部位有损坏，这说明其中曾经
镶嵌着珍贵材料，但被人看中取走了。

古王国时期
约公元前 2700—前 2055 年

金字塔时代及其后

在古王国时期出现了一种重要的信仰，即法老是太阳神"拉"（Ra）的儿子。人们在吉萨的胡夫金字塔（Khufu's pyramid at Giza）旁发现了一些如第 44 页图所示的真实尺度的船。可以看出，人们曾经在这位国王的葬礼上使用这些船，这一行为具有通达来世的象征性意义，国王可以在太阳神拉的天空旅行中陪伴着他。

公元前 2700—前 2200 年，在埃及建筑中占据统治地位的是庞大的金字塔建筑。人们称这一时期为古王国时期，但也可以恰当地称其为金字塔时代。这些王室陵寝在首都孟斐斯（Memphis）以西的许多地点星罗棋布，耗费了大量国家资源。古王国的金字塔建设不仅反映了半神国王对于来世的强烈信念，而且是为了让他成功地到达来世而组织劳动力开展的重大实践。我们今天掌握的考古证据说明，当时的埃及人还没有为神祇大量建造神殿，而是把国家资源集中用于国王的金字塔项目。

最重要的发展出现于左塞尔王（King Djoser，约公元前 2667—前 2648 年）统治期间，即第三王朝开始时。在此之前，人们把去世的国王埋葬在泥砖砌成的单层斜纹坟墓中。伊姆霍特普（Imhotep）在左塞尔王手下担任过几个重要职务，他似乎是创造性地使用石材建筑坟墓的主导者。通过在一层斜纹坟墓上面建筑另一层，他在塞加拉创造了一个六步金字塔——这是人类历史上第一个采用此种形式的石质纪念碑。重要的是，这座金字塔并没有孤零零地矗立在沙漠之中，而是位于一个设计精美的仪式综合建筑群的中心。

后来的金字塔建造在沙漠的西部边缘上，通过庞大的长

从第五王朝结束时的乌纳斯金字塔（Pyramid of Unas）开始，发现于古王国后期金字塔中的所谓"金字塔文献"就是指引国王走向来世的关键性象形文字指南。人们相信，正是由于在墓中放入了这一文献，去世的国王才掌握了得以永生的知识。

堤与尼罗河河谷（Nile Valley）相连。这一建筑学连接体现了生命与死亡之间的重要关联，每一方都需要另一方才能存在。因此，金字塔总是与神殿相连，在设计中，后者用于承载人们对于国王之灵魂的永恒崇拜。在第四王朝期间出现了吉萨高地（Giza plateau）上著名的胡夫、海夫拉（Khafre）和孟卡拉（Menkaure）金字塔，此时，在所有金字塔中，石质金字塔的占比达到了峰值。

这一时期的国王展现了他最接近神祇、最远离人类的一面。法老是太阳神"拉"的儿子，这是人们在这一时期强调的新概念。尽管金字塔综合建筑群垄断了大多数资源，但仍然有可辨的供奉太阳的神殿存在，这是古王国时期石质神殿中的一个例外。

作为人类与神祇之间的半神，法老处于社会的中心地位。王室成员占据了国家办事机构的最高阶层，而在走向古王国末日的过程中，这一垄断地位逐步削弱。高级官员们的墓葬

根据现存的证据，法老似乎在古王国时期具有与神祇最为接近的地位。本页左下方图中这件文物表现的是法老孟卡拉（Menkaure），他的脸上毫无感情，眼睛死死地遥望永恒——这是太阳神之子的理想化世界。与这件作品类似的雕塑将法老与其他神祇放在一起，让二者具有同等地位。

地点靠近国王，这些葬仪是纪念碑展示的主要舞台。非王室坟墓的规模和复杂性都在增加，而王室金字塔的规模在下降，反映了中央王权的衰败。从第五王朝起，金字塔内部便被大量铭文覆盖，这就是所谓的"金字塔文献"。这些文字让人们第一次有机会一窥有关王室成员来世的观念，这是将在以后各时期发挥关键作用的宗教理念。

按照人们普遍认可的法老时代图景，这一时代建筑在奴隶劳动的基础上，但这只不过是现代人的臆想。人们在考古工作中发掘了一些陵墓建设者的坟墓，其中的一些迹象表明这些建设者受医疗服务保障与照顾，而且他们享有死后被埋葬在金字塔不远处的尊崇。定居点的考古学遗址和最近发现的官方纸莎草行政文件都证明，古王国时期的资源管理非常精细。季节性征召的劳工是国家税收制度的一部分，这一制度在埃及历史上如此久远的年代便得到了确认。悠远的文字发展史对于政府的管理与宗教都有好处。

在第六王朝时期，地方总督的权力增加了。这些官员的坟墓，比如那些位于南部边界 [今阿斯旺（Aswan）] 的坟墓，记录了国王派出的远征活动的过程。这些记录为人们提供了有关埃及人与邻近地区人民之间交往的珍贵材料，说明那时存在着一个活跃的贸易网络。

第六王朝的最后一位国王是佩皮二世（Pepi II），他的统治期似乎非常长。这一点很可能有助于政府权力的分散化，而随后一系列国王的统治期非常短，这也是权力分散化的标志。高级官员们曾经与位于孟斐斯的首都联系密切，但现在转而占据了远离首都的地方中心。这种区域化的现象导致了国家的分裂，不存在一个大家一致接受的法老，人们称这一时期为第一中间期（约公元前 2160—前 2055 年）。地方高层人士的坟墓外观与金字塔有明显的区别，因为它们与孟斐斯的宫廷风格具有显著差异。更多的人有能力为自己建筑陵墓，结果，对于来世的憧憬过去只属于最高统治者，而现在已经变成了更广泛群体心中的期待。

珠串装饰的衣服

约公元前 2300—前 2150 年
彩陶·长: 1.1 米, 宽: 73.7 厘米
来自吉萨, 埃及
波士顿美术博物馆, 美国

因为有这么多埃及古物都是在封闭的坟墓中保存下来的, 所以人们经常无法弄清, 这些东西是它们的主人生前使用过的, 还是专门为墓葬制造的。第 48 页图中的衣服是用圆柱形珠子和花状垂饰制作的, 由哈佛大学考古学家在 1933 年发现于吉萨。人们直到 2001 年才重新把珠子穿成串。一种解释假定, 这件衣服完全是为了死者在死后使用而制作的, 这种解释的部分理由在于, 衣物上各种物料的连接十分脆弱。然而, 这件衣服中珠子形成的图案也类似地出现在绘画与浮雕中的服装上, 这就说明, 同样的装饰或许也被用在活人穿着的亚麻布衣服上。

来自中王国时期的一份有趣的文献描述了第四王朝的国王斯尼夫鲁 (Sneferu), 说他厌倦于平日的生活, 这种状态一直延续到他有一天决定到宫殿中的湖泊游玩一趟为止: 他命令身披渔网的年轻女子为他划船。在考虑到埃及文献广泛使用文字游戏的情况之后, 我们或许可以认为, 这件珠串修饰的衣服就是文献中描述的那种"渔网", 而并不仅仅说明这位君主生性淫荡。这种用珠子构成的钻石形图案不断出现在对王后和神祇的描绘中, 甚至一直延续到罗马时期的裹尸布中。

尽管从事卑下的工作, 但上图所示的这类中王国时期女性"仆人"的雕塑 [来自德尔博尔沙 (Deir el-Bersha)] 似乎身穿带有装饰的服装, 这不禁使人想到了较早时期的珠饰服装。

有镶嵌物装饰的箱子

约公元前 2600—前 2400 年
木头，带有彩陶与象牙镶嵌物
高: 19 厘米, 宽: 23 厘米,
长: 39 厘米
来自珀林岛（Perim）的斜纹坟墓,
杰比伦（Gebelein），埃及
都灵埃及博物馆, 意大利 (Egyptian
Museum, Turin, Italy)

埃及艺术具有令现代美学凝眸的特殊魅力。下图中的这件家具纯朴简约，如几何图形般高雅，看上去犹如一件装饰艺术品。两种蓝色调的镶嵌物组成了纸莎草茎秆的形状，它们沿着象牙和木质件排列，具有令人震撼的效果。我们还应该指出的是，这一保存状态相当完好的文物来自一所地区公墓，属于一位非王室成员，这反映了当时远离首都孟斐斯、服务于当地上层人士的工艺之水平。这个箱子很小，说明它或许是用来盛放珠宝或者化妆品的。

宽领子

约公元前 2460—前 2320 年
彩陶·长: 27 厘米, 直径: 19 厘米
来自吉萨, 埃及
波士顿美术博物馆, 美国

出于对各种蓝色与绿色半宝石的喜爱, 青金石和绿松石制成的彩陶 (一种以石英为原料制作的陶器) 是极受男人与女人青睐的首饰。而绿色又尤其具有成长与再生的含义, 所以, 彩陶首饰是对渴望转生的死者的恰当供奉。上图中所示的这件文物是由现代人重新编制的, 但"宽领子"这一措辞所暗含的平面上的延展性, 明确传达出该文物的编排方式是有意而为之的。尽管这样的首饰可以由生者佩戴, 但也不能排除这样的可能: 有些类似的物品是死者所用的服饰。

左塞尔王的塑像

约公元前 2667—前 2648 年

石灰岩·高：1.4 米，宽：45.3 厘米，长：95.5 厘米

来自阶梯金字塔综合建筑群，塞加拉，埃及

开罗埃及博物馆，埃及

阶梯金字塔是世界上第一个重要的石质建筑物。不远处的涂鸦可以追溯到同一年代，其中描述了修建阶梯金字塔的法老左塞尔王，称他是"开启石头之人"。第53页图中这座塑像表现的左塞尔王持坐姿，身披一领"狼神"庆典斗篷。没有证据表明左塞尔王的寿命足够长，达到了可以举行一次"狼神"节庆典的程度，因为这样的庆典通常是在某位法老统治了三十年之后举行的。然而神奇的是，据说通过这座塑像，左塞尔王的灵魂可以参与庆典仪式；灵魂以石头的形式，在阶梯金字塔的综合建筑群内永不磨灭。这座塑像来自金字塔北边的一间封闭小室，因此它不曾受到岁月的侵蚀。正对塑像的墙上有一道开口，这可以让国王的灵魂与外部世界沟通，哪怕在他死后也同样可行。这座塑像上带有条纹的法老头巾（Nemes）是第一次出现。有趣的是，在两三百年后的一座塑像上，人们可以看到与此几乎完全一样的仿制图案，这说明，在托勒密王朝时代的埃及人可以看到左塞尔王的塑像。

古王国时期的墓葬雕塑文物经常被保护在封闭的小室中，人们称这样的小室为"地下室"（Serdab，即阿拉伯语的"地窖"）。左塞尔王的地下室有十三度的倾角，这可以让他看到北面的恒星，并能够神奇地化为群星之一。

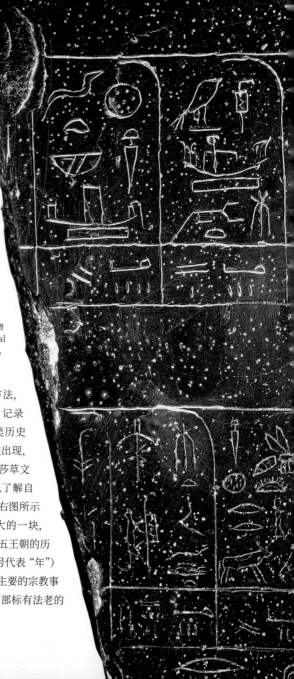

历史日历

约公元前 2450—前 2340 年
玄武岩·高：43.5 厘米，宽：25 厘米
来自埃及，具体地点不详
巴勒莫安东尼奥·萨利纳斯地方考古博物
馆，意大利（Regional Archaeological
Museum Antonio Salinas, Palermo,
Italy）

　　埃及人书写历史的基本方法，
是按照各个国王的统治结构，记录
一年中发生的重大事件。这类历史
资料通常以纸莎草抄件的形式出现，
而纪念碑上的铭文也以这些纸莎草文
献为依据。这就让埃及人得以了解自
己的过去，并对此产生兴趣。右图所示
的是某石碑的几个碎块中最大的一块，
该石碑记录了从第一王朝到第五王朝的历
史事件。弯曲的分隔线（该符号代表"年"）
划分出不同区域，其中记录着主要的宗教事
件或军事事件，每个区域的下部标有法老的
名字和绰号。

胡夫的小雕像

约公元前 2589—前 2566 年（这也是胡夫在位的时间——编者注）
象牙·高: 7.5 厘米，宽: 2.9 厘米，纵深: 2.6 厘米
来自奥西里斯神殿，阿拜多斯（Abydos），埃及
开罗埃及博物馆，埃及

　　具有讽刺意味的是，埃及最大金字塔的修建者因仅留下这样一个小小的雕像（见第 56 页图）而为人所知。没有任何其他带有胡夫之名的雕塑存留于世。然而也有这样的可能：这个微不足道的小雕像出自许多个年代之后，或许是在第二十六王朝，那时的胡夫是一位受到尊崇的王室先祖。雕像显示，国王端坐于宝座之上，头戴下埃及的红色王冠。这座小雕像是 W. M. 弗林德斯·皮特里（W. M. Flinders Petrie）所雇的工人们首先发现的，当时雕像无头。皮特里意识到这一发现的重要性，他让工人们仔细检查附近的地面，最后发现了雕像的头。

一位神明的小雕像

约公元前 2675—前 2625 年
片麻岩·高: 21.3 厘米, 宽: 9.2 厘米
来自埃及
纽约市布鲁克林博物馆, 美国

　　片麻岩颜色斑驳, 有些地方看上去半透明, 创作者对这种材料的选择让人想到了来世。然而, 右图中的这座小雕像表现的究竟是哪位神明, 人们对此却莫衷一是, 因为雕像不带铭文, 也没有任何与众不同的标志。雕像满头假发, 皮带上拴着一个阴茎套, 暗示他是一位国王, 或者更可能是一位神祇。在整个法老时期, 该雕像所呈现的服装风格 (也有其他服装风格) 成了刻画神明的标准之一, 同时反映了他们的原始本质, 这在以后的埃及作品中一直未曾改变。创作者雕工精细, 说明这是一件在王室工坊中诞生的作品, 其用处或许是放入某国王的金字塔神殿之内。

拉和泰普（Rahotep）和诺夫赖特（Nofret）的塑像

约公元前 2613—前 2589 年

石灰岩·拉和泰普高：1.2 米，诺夫赖特高：1.1 米

来自梅杜姆（Meidum），埃及

开罗埃及博物馆，埃及

这两座塑像上的色彩保存完好得令人吃惊。在很大程度上，这归功于它们在四千多年的时间里被置于一个密封的"地下室"中。建造这个地下室的本意就是为了保护那些在仪式上需要用到的塑像。这些塑像的眼睛是用石英制作的，这让它们更加栩栩如生。据说，当人们发现这些塑像时，它们闪烁的"目光"让考古发掘者大吃一惊。拉和泰普是斯尼夫鲁王的儿子、胡夫王同父异母的弟弟，他可以委托技艺最高超的工匠为自己和妻子诺夫赖特制作雕像。

供品台

约公元前 2500—前 2350 年
石灰岩与花岗岩·高: 42 厘米,
直径: 18.5 厘米
来自埃及
纽约市布鲁克林博物馆, 美国

　　供奉仪式的一个关键步骤是焚烧香料, 这里的香料是植物胶与树脂的混合体, 带有香味。在象形文字中, "香料" 这个词的字面意思是 "使之神圣", 因此, 带有芳香的香料熏烟不仅能给仪式带来令人欣喜的香气环境, 而且是向神祇和死者的灵魂发出的主动邀请, 让他们能够前来享用供奉。这个供品台上镌刻的铭文是奉献给 "谷仓的监守者伊鲁卡普塔 (Irukaptah)" 的, 台上放有一个用更硬的石头做成的盘子。对于这类供品台的描述文字经常以浮雕的形式出现, 但在圆柱形物体上浮雕很难保存。

大口水壶与水盆

约公元前 2323—前 2150 年
铜合金 · 水壶高：11.5 厘米，
直径：11 厘米；水盆高：10 厘米，
直径：20 厘米
来自杰特基（Tjetji）墓葬，塞加拉，
埃及
纽约市大都会艺术博物馆，美国

对于古埃及的仪式活动而言，纯净是一项基本要求。而其中最为基本的就是在仪式开始之前倒水清洗身体，特别是手。无论是在神殿中举行的仪式还是殡葬仪式，上图中的金属大口水壶和水盆都是进行仪式的关键器具。记录当时神殿物品的纸莎草明细账中出现了逐项列出这类器具的清单。这套器具出现在墓葬中，说明在对尸体进行防腐处理时纯净的重要性、人死后纯净的必要性，以及纯净与死者预期得到的供奉之间的象征性关联。

赫塞尔（Hesire）的镶嵌板

约公元前 2686—前 2613 年
木头·高: 1.4 米
来自塞加拉，埃及
开罗埃及博物馆，埃及

　　人们几乎无法证实古王国墓葬礼拜堂中存在着木质装饰，因为木头的保存极为不易。有一些极为精美的木雕来自赫塞尔的墓葬圣堂中的一条长走廊。赫塞尔拥有几个祭司头衔，其中一个被人们普遍解释为"首席牙医"，这一角色或许让他能够真正地与国王接触，因此享有极高的社会特权。原来至少有十一块镶嵌板，其中六块得以保存，每块刻画的都是赫塞尔，但造型和颂词略微不同。这些镶嵌板从不同的方面说明了墓葬主人的状况，以最大的可能让他的形象永垂不朽。

一位陶工的小雕像

约公元前 2450—前 2375 年
石灰岩与颜料 · 高: 13.2 厘米, 宽: 6.7 厘米, 纵深: 12.5 厘米
来自奈考因普 (Nykauinpu) 的墓葬, 吉萨, 埃及
芝加哥东方研究所, 美国

　　埃及上层人士显然对于自己在来世也能继续享受仆人服务这一点非常关心。与上层人士中的男性成员不同, 左图中的这件雕塑描绘的是一位处于屈从状态的男子: 他蹲在自己的制陶盘前, 显然没有穿衣服, 呈现出一种毫无尊严的状态。人们认为制陶工作是卑下的, 正如后来的一个诲人有志于学的故事中教导的那样: 男孩子应该努力学习书写, 以避免像陶工那样, "满身都是陶土, 比猪还脏"。我们不知道这位陶工的名字, 同绝大多数仆役一样, 他的雕塑上没有出现任何形式的铭文, 我们无法通过某种神奇手段获知这类个体的任何信息。

石板屏风

约公元前 2589—前 2566 年

石灰岩与颜料·高：37.7 厘米，
长：52.5 厘米，纵深：8.3 厘米

来自吉萨，埃及

巴黎卢浮宫，法国

下方这幅雕工精湛的浮雕以最简洁的形式，表明人们会保证对死者的永远供奉。浮雕中的奈弗尔堤阿比公主（Princess Nefertiabet）身穿印有豹皮花色的袍子，浮雕中描绘了一系列物品，将它们罗列于公主面前的桌子上，以此保证她可以永远享用这些物品。有趣的是，人们似乎有意识地用墙屏蔽了一些这样的"石板"屏风，让生者看不清它们。尽管如此，它们还是能够神奇地持续发挥为死者服务的功能。在后世，为死者提供供奉这一主题有所扩展，往往会覆盖几个房间的墙壁。在这里该主题被缩减为一个单一的场景。

内法马特王子（Prince Nefermaat）的浮雕

约公元前 2613—前 2566 年
石灰岩与彩色灰泥糊状物
高：2.9 米，宽：92.7 厘米，厚：8.8 厘米
来自梅杜姆，埃及
芝加哥东方研究所，美国

　　古埃及人认为，象形文字是"神明的语言"。最初，人们似乎认为这些符号本身就是神明。一份独特的文献声称，是内法马特王子创造了右图所示的这件浮雕："他用无法被抹去的文字书写了他的形象（字面上说就是'神明'）。"在这里，"无法被抹去的文字"应该是指一种以浅浮雕形式表现，并以彩色灰泥糊状物加以填充的不寻常的劳动密集型装饰技艺。内法马特王子是斯尼夫鲁王的儿子，后者是埃及体积最大的金字塔的墓葬主人。王子知道这一点，他或许担心他自己的名字被人忘却。或许这激励他托人进行了特别的装饰，以保证自己永远不会消失在苍茫的历史之中。

萨梅里（Sameri）的假门

约公元前 2450—前 2345 年
石灰岩·高：1.7 米，宽：98 厘米
极有可能来自塞加拉，埃及
博洛尼亚考古博物馆，意大利
（Archaeological Museum of Bologna, Italy）

在旧王朝时期的墓葬中，供奉的焦点是一个被埃及古物学家称为"假门"的建筑学元素（见第 66 页图）。它代表着一道魔法门户，位于封闭的地下墓葬小室和供访问者进入坟墓的开放圣坛之间。这道"门"可以让供奉仪式提供的象征性食物来到死者身边，同时也能证明处于灵魂状态的死者收到并享用了供奉。在某种意义上，这其实也是在引导供奉的去向。这样的供奉场景经常由门道上方的图案描述出来，这道门实际上是实体的，让人无法进入内部比较脆弱的墓葬小室。

备用人头雕塑

约公元前 2589—前 2532 年
石灰岩·高：27.1 厘米
来自吉萨，埃及
波士顿美术博物馆，美国

大多数埃及雕塑以通用的固定方式表现人的面部。因此，一小批大约四十个石灰岩头部雕塑同时出现是极不寻常的。这些所谓的"备用人头"主要来自位于吉萨的统治阶级人士公墓，年代约为金字塔主人胡夫和海夫拉统治的时期。对于它们的功用，众说纷纭。由于它们大多被发现于墓葬之中，所以它们的作用可能是在尸体受到损坏时加以替换。在几个备用人头上出现了有意损毁的现象，或许是为了降低死者前来复仇的可能性。有些学者假设，右图所示的人头对应了一位名叫内法（Nefer）的官员，因为这个人头是在他的墓葬中发现的。

表现丰收庆典的浮雕

约公元前 2246—前 2152 年
石灰岩与少量颜料·高: 48 厘米,
宽: 87.5 厘米
极有可能来自吉萨, 埃及
伦敦大英博物馆, 英国

尽管墓葬圣堂装饰的主要目的是表现为死者敬献供品的生产舞台, 但有时候也会出现对某些看似次要的事件的细节描述。在下图中这个墓葬浮雕的顶部画有造船的场景, 而底部描绘的是收割与运送农作物以及捕鱼的情况, 但中部画面则不同寻常地描述了一组男女舞蹈者, 位于一个戴面具的人两侧。右面表现的可能是一次成年礼。尽管人们曾经相信这块浮雕表现的是驱魔活动, 但或许对浮雕的最佳解释是: 这些行为与丰收有关。

"打开嘴巴"的工具

约公元前 2246—前 2152 年
石灰岩，蛇纹石，石英
调色板长：17.5 厘米，宽：9.6 厘米
来自因姆派（Impy）的墓葬，吉萨，
埃及
波士顿美术博物馆，美国

为了让死者的灵魂在巫术方面具备完善的功能，神明、国王和死者的形象——包括做成木乃伊的尸体——需要通过仪式予以激活。这种"打开嘴巴"的仪式能够重新给予或者赋予这类形象以视觉、语言和运动的能力，即活人能够享有的感官。为了实现激活，人们需要进行一套规定的仪式，其中包括使用一把鱼尾形的燧石刀和盛着油与香料的容器。上图所示的这些工具是一套模型，用粗工雕刻而成，象征葬礼中实际使用的较大工具。

盛放七种圣油的平板器具

约公元前 2246—前 2152 年
方解石 · 长: 14 厘米, 宽: 7.6 厘米,
厚: 1 厘米
来自阿拜多斯, 埃及
伦敦大英博物馆, 英国

制作木乃伊的过程需要使用多种昂贵的油料、树脂和药膏。油料被用在为死者举行的供奉仪式上, 并罗列于死者的供奉清单之内。上图所示的长方形平板器具上, 每一个小浅凹都对应着七种特别神圣的油料中的一种, 每个都用象形文字标注说明。每个名字的文字写法后面都有一个罐状的记号, 它表示的是"油"。尽管其中的铭文是作为使用说明而存在, 但人们相信, 这些铭文具有强大的力量, 足以保证这些油料可以永远循环使用。在整个法老时期, 墓葬文献都在反复提及这七种圣油。

努比亚 (Nubia) 战士涅努 (Nenu) 的石碑

约公元前 2124—前 1981 年

石灰岩与颜料 · 高: 37.1 厘米,
宽: 45 厘米, 厚: 6.7 厘米

来自埃尔里采夸特 (el-Rizeiqat),
埃及

波士顿美术博物馆, 美国

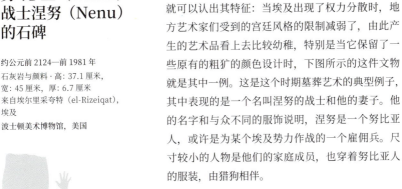

第一中间期艺术脱离了此前的传统, 人们一眼就可以认出其特征: 当埃及出现了权力分散时, 地方艺术家们受到的宫廷风格的限制减弱了, 由此产生的艺术品看上去比较幼稚, 特别是当它保留了一些原有的粗犷的颜色设计时, 下图所示的这件文物就是其中一例。这是这个时期墓葬艺术的典型例子, 其中表现的是一个名叫涅努的战士和他的妻子。他的名字和与众不同的服饰说明, 涅努是一个努比亚人, 或许是为某个埃及势力作战的一个雇佣兵。尺寸较小的人物是他们的家庭成员, 也穿着努比亚人的服装, 由猎狗相伴。

中王国时期
约公元前 2055—前 1550 年

中王国时期，法老的面容有所变化。尽管在某种意义上，他们的面容仍然带有理想化的色彩，但与以前的统治者们相比，第十二王朝国王的外貌更多地反映了人类的特征。或许仍然只有少数人能够获准看到这类塑像，比如第 72 页图所示的这座阿蒙涅姆赫特三世（Amenemhat Ⅲ）的塑像。我们不知道这种限制会产生什么样的反作用。

一次文化复兴

经历了第一中间期的权力分散之后，埃及各地区又在国王孟图赫特普·尼布赫帕特拉（King Montuhotep Nebhepetre，约公元前 2055—前 2004 年）的统治下重归统一。这位强有力的南方统治者让他的家乡底比斯（Thebes）取得了超然的地位，并让底比斯的神明阿蒙（Amun）成为王室宗教效忠的中心。就这样，从孟图赫特普起，位于卡纳克（Karnak）的阿蒙神殿综合建筑群经历了长达许多个世纪的扩建。同时，从他这代开始，国王的命运与阿蒙的命运之间建立起了相互依赖的关系。

一个国家项目选择用石头翻修或扩建泥砖结构的神殿与圣堂，该项目反映了王室的特权。第十二王朝中期见证了王室雕塑的重大创新，其中出现了一种新的面部类型。这些饱经忧患的面容最常出现在森乌塞特三世（Senwosret Ⅲ）和阿蒙涅姆赫特三世的塑像上，在以后几位国王的塑像上也持续出现，而且被统治阶级的其他成员所接受。这应该不是从实际生活中撷取的"肖像"，它们应该带有某种帝位重任的意识形态意义，这一点或许反映在了当时的文字当中。

中王国时期似乎是一个特别注重"文学"的时代。当时涌现出了大批虚构文学作品，后世奉之为"古典文学"，它中王国时期的金字塔往往比此前古王国时期的小，但它们仍然是将法老的灵魂带往来世的重要仪式载体。为皇家金字塔制造数以百万计砖头的工程会为无数人提供工作机会，下图所示的森乌塞特二世（Senwosret Ⅱ）位于拉罕（Lahun）的金字塔即是如此。

们也和资料性的管理文件一样留存于世。在上层人士纪念碑上描绘的"官僚机构"理想或许具有误导性。然而，通过考古研究对国家组织力量的追踪，我们可以明显地看到有计划的移民定居，特别是国家曾沿着尼罗河向南修筑了防御工事，控制着来往于努比亚之间的交通，还有国王的金字塔项目中格栅状的工人住房计划。

尽管金字塔本身主要是用泥砖而不是石头建造的，但中王国的金字塔综合建筑群仍然需要庞大的开支。正如紧靠哈瓦拉（Hawara）的阿蒙涅姆赫特三世金字塔的神殿为我们提供的证据所表明的，与金字塔有关的神殿可能规模十分庞大，它们本身便在希腊—罗马时代成为吸引游客的热点。镌刻在中王国王室神殿墙上的精巧浮雕特别引人注目。这种对细节的注重与技艺的精湛同第十二王朝期间创造并存留于世的（王室）珠宝的超绝品质交相辉映。

由于一些来自非上层阶级但却属于专门化工匠社团的物品存留于世，所以我们有关中王国高雅文化的知识得到了某种程度的平衡。卡洪（Kahun）城的工匠们为森乌塞特二世

底比斯的阿蒙神是底比斯世代皇族的保护神。如上图所示，在森乌塞特王一世位于卡纳克的所谓"白色圣堂"中，阿蒙神为了回馈王室的供奉，向他展示了表示生命和持久的符号，由此保证了宇宙的正常平衡。

（Senwosret II）的金字塔项目工作，他们是真正的精英人士，他们的文学水平高得异乎寻常，甚至可以接触文学资源。来自这座城镇的文物带有与日常事务有关的印迹，如务农、宗教、卫生与玩乐，而且它们可以与这一地点发现的残存纸莎草文件相互补充。

与以前各个时期相比，中王国时期的军事行为对我们来说更为熟悉。各次战役的参与者以自传体的形式写下了他们在努比亚和近东（Near East）征战的详情、他们遭遇的敌手的详情，以及他们从国王那里获得的赏赐的详情。埃及与爱琴群岛（Aegean Islands）等地区有贸易往来，这些情况可以通过进口的物品和在埃及发现的图案得到说明，这些图案显示了此时埃及人的新世界观，其视野之广阔远超前朝。

与此同时，埃及本身的宗教景观在实际中和象征意义上都有所改变，改变的核心是神灵奥西里斯。尽管这一神灵已经在古王国的"金字塔文献"中有所描述，但他的地位有了新的突破。此时，人们认为他的陵寝坐落于底比斯以北的阿拜多斯古王室陵墓中，这让他的祭仪中心变成了进香者争相朝拜的主要地点。数以百计的小雕像和石碑屏风被留在进香者列队行进的道路两旁，用于这尊神灵重生的庆典。

于是，在墓葬领域内，奥西里斯神的重要性大大提高。死者希望自己能够模仿奥西里斯神的再生，至少上层阶级人士有此奢望。再生在过去是只有法老本人才能享有的特权，但这时被"民主化"而得到推广，上层阶级的成员们主要通过在自己的长方形"盒状"棺材中放入王室"金字塔文献"的方式实现重生。这些"棺材文献"以及保存下来的大量墓葬物品是有关来世憧憬之信息的丰富来源。木乃伊面具得到了发展，进化成为木乃伊尸体的套状覆盖物，同时人们把内层棺材做成模仿再生的国王奥西里斯的人体（"类人"）形状。因此，在某种意义上，通过进入奥西里斯的地下王国，死者得到了再生的保证。

里克基（Riqqeh）胸饰

约公元前 1877—前 1831 年
黄金和半宝石·宽：4.2 厘米
来自里克基，埃及
曼彻斯特博物馆，英国

　　这一胸饰（见第 76 页图）在华丽方面逊色于同期的王室饰品，但创作者同样运用了珐琅工艺来打造它。"维阿杰特女神"[Wedjat，也叫荷鲁斯(Horus)，古埃及太阳神] 的两只眼睛分列太阳圆盘两侧，这两只眼睛处在两只以"黄金"符号形式出现的鸟上方。胸饰的中心是一个风格鲜明的纸莎草伞状花序，其寓意为权杖，象征着权力。在被发现之时，这枚胸饰仍然安置在一个木乃伊尸体的胸前。显然，容纳木乃伊尸体的陵墓小室的天花板坍塌了，压到了棺材上。考古挖掘者们发现，除了木乃伊之外，附近还躺着另一具尸体的残骸，很可能是一个盗墓者的尸体，他在盗取珠宝的过程中死于落石。

取火装置

约公元前 1877—前 1650 年
木头和绳子・最大长度：33.5 厘米
来自卡洪，埃及
曼彻斯特博物馆，英国

火是人们实际生活的必需品。下图中的这套取火装置由一个弯曲的弓钻和火棍组成。取火者把它放置在一个石帽下面，绳子缠绕火棍，让火棍在木质基底上的凹陷处转动。这种转动方式将产生足够的摩擦，引发火星，让干草这类引火物着火。我们能够在木头基底上看到烧焦的痕迹，说明这套装置是使用过的。人们也相信，这类实际应用器具可以在来世中用到。人们也在图坦卡门王（King Tutankhamun）的陵墓中发现过类似的装置。

工具篮

约公元前 1877—前 1650 年
铜，木头和芦苇·篮高：19 厘米，
直径：14.7 厘米
来自卡洪，埃及
曼彻斯特博物馆，英国

　　卡洪城紧靠一座王室金字塔而建，那里的沙漠环境让一批独特的有机物和其他易腐朽物品得以留存。这个不起眼的篮子里装着的东西保存得非常好，它们看上去就好像昨天还有人在使用一样。这些工具让我们有幸对当时的日常生活投以特殊的一瞥。这个工具篮或许就是村子里的工匠们使用的工具包，哪怕他们并没有真正在金字塔中工作。高质量的木材是相对稀有的商品，因此对于国家十分重要。这一类的工具或许曾经被用于加工运往王室工匠所在城镇的木材。

棋盘

约公元前 1814—前 1805 年
象牙和黑檀木·盘高：6.8 厘米，插上棋子后的平均高度为 14 厘米，宽：10.1 厘米
来自西底比斯（western Thebes），埃及
纽约市大都会艺术博物馆，美国

　　埃及人喜欢玩多种棋盘游戏。这套完整的棋盘游戏（见第 83 页图）来自官员雷尼森布（Reniseneb）的墓葬，包括十枚棋子：其中五枚带有豺头，另外五枚带有猎狗头。棋盘的中心是一棵棕榈树的形象，这一游戏的目的似乎是让棋子在棋盘上围绕棕榈树的五十八个空洞移动，最后目标达到中心的一个"Shen"（意为"保护"）字符号。棋盘上的某些地方带有"Nefer"（"好"）字符号，这可能会给游戏者额外的好处。在棋盘下面有一个小抽屉，可以存放棋子，也可能是动物的指关节骨头或者骰子，用于决定哪位游戏者先走。

西撒索尼克公主（Princess Sith-athoryunet）的胸饰与项链

约 公元前 1887—前 1813 年
黄金，玛瑙，天青石，绿松石，石榴石，长石·胸饰高：4.5 厘米，宽：8.2 厘米；项链长：82 厘米
来自拉罕，埃及
纽约市大都会艺术博物馆，美国

　　珠宝制造业的技术成就在中王国时期达到了一个高峰。第 84 页图中所示为皇家工艺最璀璨的文物之一。胸饰是用珐琅工艺以极为复杂的精细结构打造而成的，其中镶嵌着形状优美的半宝石。王室的化身是猎鹰，胸饰中有两只猎鹰，紧抓着象征保护的护身符。国王森乌塞特二世（King Senwosret Ⅱ）的名字形成椭圆形轮廓，猎鹰回拱这一轮廓的两侧，轮廓的位置在一个表示"千百万年"的符号之上，这便保证了国王永恒的威严与权力。这件胸饰是森乌塞特的女儿的财产，是她的陵墓中一个盒子内的几件物品之一。这所陵寝曾被盗墓贼光顾，但他们没有拿走这个盒子。

腰带

约公元前 1900—前 1750 年
白银，天青石，长石，琥珀金（electrum），玛瑙，紫水晶
长：47 厘米，纵深：4.5 厘米
极有可能来自底比斯，埃及
伦敦大英博物馆，英国

无论是在日常生活中，还是在对来世的憧憬中，埃及人都十分注重促进生育，这自然也包含着对再生的促进。第86页图中的这件珠宝带有与女性特质、生育和保护紧密相关的符号。我们可以看到，女子更多地把这类物品当成腰带，而不是当成项链佩戴。

人们将玛瑙贝壳的形状比作女性的外阴，有些金属珠宝中包含小球颗粒，它们会随着佩戴者的走动发出轻柔的声音，特别是在她们跳舞的时候。在这件首饰中，制造者把玛瑙贝的两部分接在一起组成现在的形状，这一事实表明，他们是在寻求同样的声音效果。女性特质、舞蹈和色欲的组合在法老时期的埃及普遍存在。无论是披散在脸颊上的发结，还是比较少见的风格化胡须，在毛发上打结都可能会让人想到爱之女神哈索尔（Hathor），她经常精心地将自己沉重的假发梳成类似的垂饰。象征着无限的莲花指明了该饰品的中心主题。

中王国时期有一个故事，说的是一批女子曾在一片湖泊中为法老划船，这时其中一名女子的鱼状坠饰掉进了湖里，人们最后只好召来一名魔法师，让他分开湖水，取回了这枚珍贵的护身符。这个故事说明了以这条腰带为代表的一类物品的重要性。

上图这件彩陶人物小雕像来自一座墓葬，雕像现存于大英博物馆。这座小雕像表现的是一位腿被截去的女子，她的腰上佩戴着一条腰带。这样的小雕像经常与生育有关。

具有椭圆形轮廓的牡蛎壳

约公元前 1956—前 1911 年
牡蛎壳·高: 10.2 厘米, 宽: 10.9 厘米
来自埃及
苏格兰格拉斯哥伯勒尔收藏, 英国
(Burrell Collection, Glasgow,
Scotland, UK)

法老的名字神奇地隐藏于椭圆形轮廓中, 这是一个拉长了的 "Shen" (保护) 字圈, 是一个威力强大的保护符。然而, 法老的这个名字本身即有护身符的功效。人们在这个牡蛎壳上穿凿了孔洞, 可以绕着脖颈悬挂佩戴, 并将国王名字的保护功效赋予佩戴者。这种带有铭文的牡蛎壳存量很少, 上面镌刻的通常是森乌塞特王一世 (King Senwosret I) 的名字, 人们通常认为它们是军中人士使用的饰物。然而, 因为并不存在与军队联系的确凿证据, 所以它们的符号意义有可能更为广泛。

荷鲁斯和塞斯
（Seth）的故事

约公元前 1877—前 1650 年
纸莎草与墨·高：14.4 厘米，
宽：39.7 厘米
来自卡洪，埃及
伦敦皮特里埃及考古博物馆，英国

　　人们在卡洪地区有关日常生活的财富中发现了大批纸莎草文件，其中最具娱乐性的文物之一是上图所示的这份不完整的文件。文件用僧侣体草书写就，是一则神话故事的原始版本，其中描述了彼此敌对的神明荷鲁斯和塞斯的恩怨情仇。为了争夺埃及的王位，荷鲁斯和他的叔叔塞斯在其他神祇设定的一系列任务中展开对决，以证明谁是埃及王宝座的最佳人选。塞斯甚至试图用史上记录的第一句挑逗性的语言来诱惑他的侄子："你的屁股真是太漂亮了！"

阿蒙涅姆赫特三世的巨型头像

约公元前 1831—前 1786 年
花岗闪长岩·高: 83 厘米,
宽: 82 厘米, 纵深: 69 厘米
来自布巴斯提斯 (Bubastis), 埃及
伦敦大英博物馆, 英国

作为一个令人生畏的纪念碑建筑者, 阿蒙涅姆赫特三世的名字和名声甚至可以与他的继承人拉美西斯二世 (Ramesses II) 媲美。围绕着他在法尤姆 (Faiyum) 的哈瓦拉所建的金字塔, 阿蒙涅姆赫特建造了一个庞大的综合建筑群。希罗多德曾于公元前 5 世纪拜访了这个令人叹为观止的建筑群, 并在他的《历史》 (Histories) 一书中将之描述为 "迷宫"。或许因为庞大的纪念碑计划 (其中包括与这座雕像类似的塑像), 阿蒙涅姆赫特三世在世的时候就已经被人作为神祇崇拜。下图所示的这座雕塑在国王去世许多世纪后被人拿走并重新使用, 它看上去特别令人震惊, 因为这件雕塑如此巨大, 这一点本身便已经异乎寻常, 而且雕塑的眼眶里竟然镶嵌着用其他材质做成的眼睛。

索贝克姆萨夫二世（King Sobekemsaf II）的心脏圣甲虫宝石

约公元前 1580—前 1560 年
黄金和碧玉·长: 3.8 厘米,
宽: 2.5 厘米
来自底比斯，埃及
伦敦大英博物馆，英国

《亡灵之书》（*Book of the Dead*）中的文字说明声称，应该把一块圣甲虫状的护身符放置于木乃伊化的死者的胸口上。古埃及人相信，心脏是智慧的所在地，而为了进入一个极乐的来世，人的心脏上必须压一座天平。"心脏圣甲虫"上镌刻了《亡灵之书》的一部分，用来引导心脏不要在最后的神灵审判中说出不利于死者的话。记录着盗墓者臭名昭著行为的纸莎草文件叙述了他们对索贝克姆萨夫陵寝的劫掠。

森乌塞特三世的头部雕塑

约公元前 1870—前 1831 年
石英岩·高: 45.1 厘米, 宽: 34.3 厘米, 纵深: 43.2 厘米
来自埃及
堪萨斯城纳尔逊–阿特金斯艺术博物馆, 美国 (Nelson-Atkins Museum of Art,
Kansas City, USA)

在所有法老中, 国王森乌塞特三世的脸是其中最容易辨认的一个。第 92 页所示的大于真实尺寸的雕塑描述了国王与众不同的肿泡眼睛、向下撇的嘴巴和大耳朵。工匠们当时塑造了这样一副忧心忡忡的面貌, 我们不清楚他们的最初目的是什么。或许这代表着, 作为其子民的"牧羊人", 国王肩负着统治国家的重任, 结果被弄得身心俱疲, 这是当时的文学作品所表达的想法。但一般来说, 森乌塞特三世的塑像总是体格强健的, 而他的相貌特征在非王室成员及后世国王的塑像上皆有所体现, 因此, 这种面部形象可能只是某种理想化的结果, 而不是其真实形象的写照。

阿维布里·霍 (Awibre Hor) 的灵魂塑像

约公元前 1700 年
木头, 水晶, 石英, 灰泥, 少量黄金
高: 1.7 米, 宽: 27 厘米
来自达赫舒尔 (Dahshur), 埃及
开罗埃及博物馆, 埃及

右图这座令人震惊的塑像被发现时完好无损, 放置于一个国王陵寝中的木质圣坛之内。它描述了国王精神的一个重要方面: 在他死后, 他的 Ka (或者"翻版"), 即他的灵魂, 需要食物和饮品的供奉。不同寻常的是, 国王是以裸体出现的: 这或许说明, Ka 作为某个人的伴生精神, 在那个人降生的时刻被创造出来。灵魂的象形符号是两只高高举起的手臂, 在这座塑像中, 这个符号被放在国王的头上。这座塑像或许曾在国王生前用于仪式场合, 而且似乎成了后来的皇家葬仪物品标准的一部分。

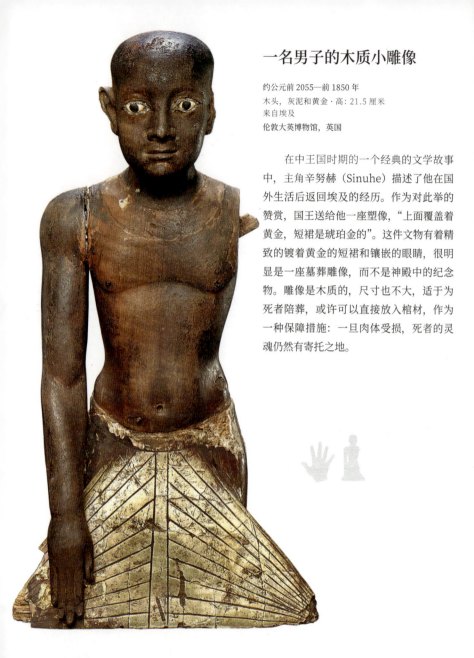

一名男子的木质小雕像

约公元前 2055—前 1850 年
木头，灰泥和黄金·高：21.5 厘米
来自埃及
伦敦大英博物馆，英国

　　在中王国时期的一个经典的文学故事
中，主角辛努赫（Sinuhe）描述了他在国
外生活后返回埃及的经历。作为对此举的
赞赏，国王送给他一座塑像，"上面覆盖着
黄金，短裙是琥珀金的"。这件文物有着精
致的镀着黄金的短裙和镶嵌的眼睛，很明
显是一座墓葬雕像，而不是神殿中的纪念
物。雕像是木质的，尺寸也不大，适于为
死者陪葬，或许可以直接放入棺材，作为
一种保障措施：一旦肉体受损，死者的灵
魂仍然有寄托之地。

森努维（Sennuwy）
的塑像

约公元前 1956—前 1911 年
花岗闪长岩 · 高: 1.1 米
来自科尔马（Kerman），苏丹
波士顿美术博物馆，美国

美国的埃及古物学者乔治 · 赖斯纳
（George Reisner）在科尔马发现了右图
所示的这座塑像和其他塑像，这时他相
信自己找到了埃及帝国的前哨阵地。事实
上，这些塑像是科尔马民兵劫掠艾斯尤特
（Asyut）的坟墓时从那里带走的。森努维
是艾斯尤特总督赫本德赫法（Hepdjefa）
的妻子，其陵墓圣堂中刻有一项与教士们
达成的精细合同，用以保障对塑像的供奉。
具有讽刺意味的是，这些塑像在几个世纪
后被人偷走了。森努维的塑像似乎被火烧
过，其他的塑像被打碎了，说明有人进行
了恶意的报复行为，以对抗埃及人对科尔
马人施行的诅咒仪式。

护产长牙

约公元前 1875—前 1700 年
河马的獠牙·长: 42 厘米, 宽: 5 厘米
来自埃及
贝塞尔古物博物馆, 瑞士 (Antikenmuseum Basel, Switzerland)

在古埃及, 怀孕期、生产期和幼儿期都是相当危险的过渡时期。尽管所有的社会成员都恳求神灵尽可能地提供帮助, 但能够得到护产长牙这种物品所象征的仪式或者魔法帮助的人较少, 可能仅限于上层人士。这些物品能够接引凡人并引导神灵的力量——古埃及语称之为 Heka——用以对抗超自然敌人。人们在说到这些物品的时候有不同的称谓, 如"长牙""刀"或者"魔杖", 它们代表着埃及人魔法库中的重要武器, 用以对抗未知的敌对力量。长牙是用河马的獠牙制作的, 埃及人清楚地知道, 母河马会狂暴地保护孩子, 因此它们与妇女、儿童之间形成了紧密的关系。本页右下及第 97 页图中这件文物上的图案展现了各种不同的神灵与恶魔, 表现了他们最为凶残的方面, 如伸出的舌头、手中紧握着的蛇和刀, 目的是击退企图威胁母亲和幼儿的邪恶之物。大部分护产长牙文物上无任何文字, 只有单纯的图画装饰, 但这足以形成魔法协助。在一些类似的文物上能看出损坏的痕迹, 或许是为了弯曲长牙而与土地有接触, 也可能更直接地用于为婴儿接生。

狮子神贝斯（Bes，有时被称为"阿哈""战士"）能驱邪。人们经常把他手中紧握着几条蛇的正面像画在护产长牙上。右图中的他摆出了一个具有三维立体感的造型。

一个女性敌人的小雕像

约公元前 1870—前 1750 年
陶器·高: 12 厘米
来自埃及
剑桥菲茨威廉博物馆, 英国

从意识形态的角度来说, 法老时代的埃及非常排外。埃及人认为他们自己与一切非埃及人不同, 而且凌驾于非埃及人之上。通过交感魔法的原理（Sympathetic Magic, 即根据相似性和关联性施展的魔法, 如扎草人就是以此为根据, 将被诅咒人的头发等物放在草人里, 通过对草人施咒达到伤害被诅咒人的目的——译者注）, 施法人可以通过叙述名字或者描述某人的状况达到伤害某人或者某个实体的目的。一系列简单的陶土小雕像能够神奇地代表这些毫无抵抗能力的被征服者。有些小雕像上还用文字罗列了埃及的实体敌人与非实体敌人的名字。第 99 页图中所示的小雕像代表一个裸体的女性敌人, 她的双手被捆绑在身后, 梳着带有明显特色的亚洲发型, 身上还有文身。人们相信, 通过摧毁或者损坏这个小雕像, 伤害就可以转移到这个小雕像代表的敌对族群身上。

十字章石碑

约公元前 1802—前 1749 年
石灰岩与颜料·高：51 厘米，
宽：35 厘米，纵深：5.5 厘米
来自阿拜多斯，埃及
利物浦加斯唐考古博物馆，英
国（Garstang Museum of
Archaeology, Liverpool, UK）

奥西里斯崇拜集中于阿拜多斯地区，那里也是公认的他的埋葬地；奥西里斯崇拜的兴起，促使更多人寻求永恒的生命。这面石碑所表达的希望比大部分人的希望更为清楚，因为它是围绕着一个大大的"Ankh"（生命）符号而设计的。十字章中出现了一块空心的圆圈形区域，这可能是因为石头本身有缺口，也可能空心部分能起到与圣堂中的双向窗户相同的作用。这块石碑的另一个不寻常之处，是它在背面详细地描述了农业活动，包括公牛拉着的带轮子的容器，这种容器被用来盛放种子。

医学纸莎草文件

约公元前 1600 年

纸莎草和墨·高: 33 厘米, 长: 4.7 米

极有可能来自底比斯, 埃及

纽约市纽约医学科学院, 美国 (New York Academy of Medicine, New York City, USA)

埃及人因其治愈伤病方面的知识而驰誉整个古地中海地区。下图所示的这份文件人称埃德温·史密斯纸莎草 (Edwin Smith Papyrus), 以它的第一个现代拥有者命名。它是已知最早的创伤学专著; 这份文件更为关注实际治疗, 而不是在其他文献中人们所熟知的魔幻医疗。这份手写体文件以红色字体为每个病例的开头, 详细叙述了四十八份病例, 涵盖了骨折、脱臼和其他可以归属于战争伤害的创伤。因此, 这篇汇总文件可能是在战地处理伤兵的手册。这份文件最可能的年代是第二中间期, 那时的埃及人正在为推翻他们的希克索斯王朝 (Hyksos) 统治者而战, 流血冲突可能是非常普遍的现象。

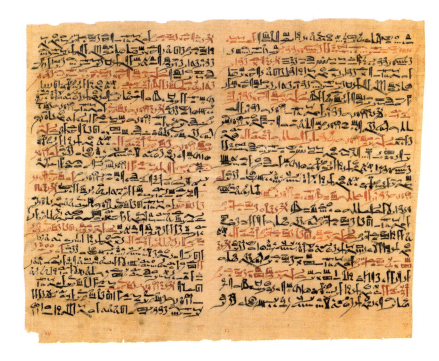

模型船

约公元前 2055—前 1773 年
混合材料·长：71.5 厘米
来自便尼哈珊（Beni Hasan），埃及
牛津阿什莫林博物馆，英国

古埃及通过船实现长途旅行。我们从中王国时期的文物中得知，模型船是上层阶级墓葬中的重要陪葬品。在理想情况下，人们会为死者提供两艘模型船：一艘高挂船帆，可以借助北风，向南航行，上图中所示的模型船就是这种情况；而另一艘则配有船桨，可以让水手们划船逆流向北航行。这些航行的目的似乎是去拜访阿拜多斯的圣城，那里是奥西里斯的安息地。但一般来说，模型船是为了让死者在后世更加自由地行动。

灵魂之屋

约公元前 1981—前 1802 年

陶器·高: 27.1 厘米, 宽: 34 厘米,
纵深: 27 厘米

来自德尔赖夫 (Deir Rifeh), 埃及

曼彻斯特博物馆, 英国

　　大部分所谓的"灵魂之屋"都是由英国的埃及古物学家 W. M. 弗林德斯·皮特里在中埃及接近沙漠表面的德尔赖夫墓地发现的。根据它们的建筑学特点, 皮特里将这些模型划分为不同的"种类"。这些模型到底代表的是房屋还是坟墓呢? 因为两者的关键元素这些模型都有, 所以我们现在还不清楚这个问题的答案。似乎, 被皮特里称为"灵魂之屋"的这些东西与相对寒酸的上层阶级成员相关。他们无力出资委托人们修造带有门廊的正面石质坟墓, 便只好退而求其次, 用这种"灵魂之屋"模仿高档坟墓。

屠宰场模型

约公元前 1981—前 1975 年
木头，灰泥和颜料·长：76.8 厘米，宽：58.5 厘米
来自底比斯，埃及
纽约市大都会艺术博物馆，美国

　　这个墓葬中的模型（见第 105 页图）表现了食物生产的一些方面，人们希望通过它，为死去的墓葬主人源源不断地提供精神养料。在古王国后期，人们在墓葬圣堂的墙上描绘了农耕的各个阶段与牲畜交配的预备阶段。在中王国时期出现了为实现同样目标而采取的更为神奇而有效的方法，即在坟墓的封闭部分中埋入展现这类活动的三维木制模型。

　　这个模型展示了肉品生产的一个功能区，让人们看到了用其他考古方法无法证实的细节。人们正在处理两头被捆绑着的公牛，这时屠夫正在接血；另外一个地方有人正在给一只鹅拔毛，一块块的肉被吊起来晾干。屠宰牲畜是地位高尚的仪式化行为，因为肉品是专供特权阶级的产品，大多数古埃及人很少消费这样的食物。这只是二十多个模型中的一个，它们都是在皇家首席大管家麦克特瑞（Meketre）坟墓中的一个小室内发现的。墓葬主人生前与国王十分亲近，这保证了他能够得到技艺最高超的工匠的服务。

宰杀牲畜是葬仪的一个重要部分，因为人们相信，牲畜的力量会让死者充满活力。左图中所示为展现当时场面的浮雕，出现在阿希特王后（Queen Ashit）的石棺上。

盛水容器

约公元前 1887—前 1813 年
雪花石膏·高: 56 厘米, 直径: 26.7 厘米
来自拉罕, 埃及
纽约市大都会艺术博物馆, 美国

　　埃及人担心他们会在来世遭遇多种匮乏, 尤其是被迫忍受饥渴。中王国时期的"棺材文献"中有关于解渴方法的咒语。第 106 页图中的这个水瓶是一块令人动容的石头, 能够给人通常只能由彩陶或者金属器皿才能提供的感觉。它上面刻有象形文字铭文, 保证能永远为死去的公主提供清凉新鲜的水。其上的文字明白无误地说明了水瓶所含之物的功能: "西撒索尼克公主, 请接受来自地下的冷水, 它能让一切生机勃勃, 能够催生一切……愿你通过它们活下去, 并通过它们再生。"

塞尼（Seni）
的箱棺

约公元前 1850 年

木头和颜料·高：73 厘米，宽：62 厘米，长：2.1 米

来自德尔博尔沙（Deir el-Bersha），埃及

伦敦大英博物馆，英国

　　埃及人相信图形具有神奇的效用，这一点可以清楚地通过中王国时期对棺材的装饰看出。下图中所示是这个时期的长方形箱棺，在它的一面画着或者镶嵌着两只大眼睛。这口棺材上的眼睛画在表示门的图形上方的一块板上，位于棺材的一端，棺材里面的尸体侧面躺卧，让死者可以"向外看"，透过棺木看到外面的世界。这具棺材的主人是一名叫塞尼的男子，棺材内部覆盖着所谓的"棺材文献"，它为死者通往来世提供了精心的引导。

尤瑟哈特（Userhat）的身棺

约公元前1850年
木头，灰泥和颜料·高：33.2厘米，宽：41.2厘米，长：1.8米
来自便尼哈珊，埃及
剑桥菲茨威廉博物馆，英国

　　在中王朝时期中期，棺材第一次采用了包裹好的木乃伊的形状。从早期仅仅覆盖了面部的面具开始，类人棺材逐渐发展到为整具尸体提供外壳。它通常被装在一口长方形的箱棺之内。右图中的尤瑟哈特是一位战士，他身上闪耀着亮白色的光芒，已经做好了再生的准备。假发和长胡须的形式暗示着国王和神明，也暗示着奥西里斯，因为他曾经是埃及国王，随后再生并统治地下世界。正是奥西里斯的这种再生能力，让非皇家成员的埃及人羡慕不已，希望能够亲身模仿。

新王国时期
约公元前 1550—前 1069 年

埃及的黄金时代

人们不应该用"高峰"与"低谷"（"highs" and "lows"）这类过分单一化的术语来看待法老时期的历史，然而毋庸置疑的是，新王国时期似乎是一个充斥着权力与财富的年代。在此之前，第二中间期的埃及由来自西亚的希克索斯王朝统治，人们在此期间铸就了国家的力量。在"驱逐"了希克索斯王朝之后，法老带领埃及武装力量对抗南方的努比亚和近东地区。这让埃及与周围地区建立了互惠互利的关系，不过，存在一个埃及"帝国"的想法很可能是个时代错误。

领导了针对希克索斯王朝的战争的埃及统治者们是底比斯人，王室妇女在这个时期扮演了重要的角色，她们建构了另一个贯穿于整个新王朝时期的主题。大部分书面证据的来源是底比斯，这或许反映了人们发自内心地关注着底比斯解放者的故乡和他们的守护神明阿蒙。然而，北方的孟斐斯，这座曾经占地广阔的城市只剩下了些许残骸（现在大部分葬身于现代的开罗城之下），而其他的中心也在此之后消失了，因此，这种印象可能比较肤浅，并非真实。

重要神殿的外部装饰主要专注于第十八王朝和第十九王朝初期取得的军事胜利。通过这些装饰，人们把这些行动表现为得到了阿蒙神的批准和赞美。从多次对外战争中收获的

在古埃及的历史上，拉美西斯二世久负盛名。他下令为自己建造的（或者改建的）庞大塑像多于其他任何国王。1816—1819 年，人们将上图中这个庞大的头像从他的拉美西斯祭葬神殿运往大英博物馆，这一事件激发了诗人珀西·比希·雪莱（Percy Bysshe Shelley）的灵感，让他于大约 1817 年写下了《奥兹曼迪雅斯》（Ozymandias）这首诗。

战利品为建造新王国时期的神殿提供了金钱，但事情并非如此简单；更重要的是，在这一时期兴建的庞大石质建筑物的规模达到了自古王国的庞大金字塔以来前所未见的水平。人们倾向于将神殿建成某种特定的形式，特别是方尖塔（太阳的符号）和多柱厅式。就这两种形式而言，卡纳克神庙（Karnak）都是最好的例子。

通过其纪念碑，新王国时期的法老们的公众形象得到了比他们的前任更好的展示。人们熟悉哈特谢普苏特（Hatshepsut）、土司茅斯三世（Tuthmose Ⅲ）、阿蒙霍特普三世（Amenhotep Ⅲ）和拉美西斯二世，这种熟悉源于他们留存至今的铭文和形象，但这往往阻碍了人们关注其他那些对于新王国时期埃及的成功有贡献的人。

皇家的自我呈现结合了创新和复古的各个方面。尽管法老仍然是埃及社会的核心，但国王的概念并不像人们通常想象的那样一成不变。女性统治者哈特谢普苏特和"异端"国王阿肯那顿的公众角色向我们证明，如果改变传统的王位长袍的形状，便可以使之匹配现任国王的风格。拉美西斯二世数目庞大的国王纪念碑无疑分布得最广，而他异乎寻常的长达六十七年的漫长统治当然对此颇有助益。尽管他修建了许多新的建筑物，但这位国王的石匠们大量使用旧材料，背离了"不在废墟上建设"的传统格言。

与建筑神殿的想法不同，王室的家居似乎是用平常的材料建筑的。在现存的宫殿遗址中，古罗布（Gurob）和阿马纳让我们得以一窥新王国时期的家居布置，德尔麦迪那（Deir el-Medina）的工人村也有这种功能。尽管玻璃和彩陶制造等高端工业的证据存留了下来，但实际的民居很少被保存下来，能够找到的基本上只有大致的地面规划。

新王国时期为我们提供最多"日常"用品的是富人的墓葬。"死的时候把你的一切都带走"，这种态度是古埃及人墓葬文化给我们留下的印象，但这是一种误解。事实上，这类日用品或许在它们的实际功能之外还具有仪式上的意义。我们也可以从普遍的宗教用语中观察到显著的变化。与信仰本身相比，艺术的礼仪规则显然改变得更多。非王室人士（这里指那些有能力委托建造纪念碑的非王室成员）越来越多地显露他们与神明的直接交流。神明的数目日渐增多，或者说，神明的形式日渐增多；阿蒙霍特普一世这类被神祇化了的国王和主要的神明——如阿蒙和拉——一样对人有吸引力。同样能够吸引人的，还有人们"自产自销"的或者地区化的特殊神祇。

如果取其表面价值，那么这类证据暗示着一种乌托邦式的社会，这个社会信赖极乐的来世。然而，新王国时期虽然看上去状态完美，但也有证据揭示了它较为阴暗的另一面。在坟墓上镌刻的悼词哀叹死亡，劝告人们享受人生。纸莎草文件上记录了第二十王朝即将结束时发生的社会经济危机，包括工人的罢工和对于广泛存在的盗墓行为的残酷惩罚。

卡纳克神庙是世界上最大的单一宗教综合建筑群之一。尽管一般公众无法进入建筑物内，但院子和柱子支撑着的厅堂还是人满为患，神殿的工作人员在那里忙着运入供奉，维修建筑物。

金苍蝇护身符

约公元前 1550—前 1525 年
黄金·链长: 59 厘米; 苍蝇长: 9.3
厘米, 苍蝇的最大宽度: 6.8 厘米
来自底比斯, 埃及
开罗埃及博物馆, 埃及

苍蝇是在埃及护身符珠宝中出现的几种昆虫之一, 但我们不知道它们准确的象征性意义。埃及诸神中没有苍蝇神。或许由于其韧性和不屈不挠, 人们会把它们与军事方面的努力相联系。就苍蝇而言, 将其与血腥战场相关联或许是合适的。人们经常把金苍蝇解释为某种与军方装饰类似的东西, 因为它们与那赫特普王后 (Queen Ahhotep) 有关。人们经常将她视作一位亚马孙女战士风格的王后, 因为根据一部文献记载, 她曾亲自招募了一支部队。然而这可能是一种错误解释, 而苍蝇的护身符价值很可能受到了低估。

化妆勺

约公元前 1550—前 1250 年
木头和象牙·长: 29.3 厘米,
宽: 5.5 厘米
来自埃及
巴黎卢浮宫, 法国

新王国时期见证了人们对于自然主义形式的特别兴趣。下图这个化妆勺刻画了一个正在游泳的女性, 似乎带有一种嬉戏风格, 不符合埃及正统艺术的一贯风格。这个女孩端着一个置于身体前方、形如鸭子的盘子, 这是在第十八王朝中暗示新生命的一般图案, 因为鸭子是在黎明时分随着初升的太阳一起在芦苇丛中出现的。在鸭子可移动的翅膀下面, "勺子"被做成具有保护性质的涡旋状, 并带有罗非鱼形的装饰——这是另一种象征新生的符号。

带有条纹的玻璃容器

约公元前 1400—前 1200 年
玻璃·高: 6.3 厘米, 宽: 5.4 厘米
来自埃及
洛杉矶盖蒂博物馆, 美国 (Getty Museum, Los Angeles, USA)

　　玻璃制造技术大约于十八王朝中期第一次在埃及蓬勃发展。玻璃制造工业使用的原材料与存在证据可以通过宫殿这类埃及上层中心得到证实。用玻璃制造的物品属于高档奢侈品, 而这件文物 (见第 116 页图) 很可能具有相当高的价值。它的尺寸很小, 说明它盛放过价值高昂的香水油剂。

　　与其他古代近东玻璃制造形式类似, 埃及的大多数玻璃器皿的形状都受到已有器皿形状的启发, 如陶土或者石头器皿。然而, 图中这个透镜或者小扁豆状的造型可能是玻璃工业的首创, 且影响了其他物质器皿的形状, 而不是与此相反。为了制造这个器皿, 玻璃工需要加热彩色玻璃棒, 并把它们绕着一个核放好。这个核是用动物粪便这类有机物或者陶土做成的, 并用一根棍子撑住。把手和羽毛图样是在器皿成型之后被加上的, 此时需要用一种工具在彩色的熔融玻璃上刻画。当成型的器皿慢慢地冷却之后, 人们便会拿掉里面的核。

新王国时期的埃及是东地中海地区的一个国际贸易中心。在富裕官员陵墓的小圣堂中, 人们刻画了非埃及"进贡者"带着货物来到埃及的场面, 呈现了一幅"四海之内皆兄弟"的景象。左图中文物来自叟伯克侯特普 (Sobekhotep) 在底比斯的坟墓, 它描绘了这种情况的一个例子。

一双凉鞋

约公元前 1390—前 1352 年
草、芦苇和纸莎草·左脚高：11 厘米，
宽：9 厘米，长：30.4 厘米；右脚高：8.8 厘米，
宽：10.5 厘米，长：30.4 厘米
来自国王谷（Valley of the Kings），底比
斯，埃及
纽约市大都会艺术博物馆，美国

上层埃及人脚上穿的鞋子各式各样，从最基本的凉鞋到装饰华丽的鞋子。上图这双简单的凉鞋是用编成辫子的草和芦苇制作的，夹脚和边祥是用撕开的纸莎草制作的。或许有生者穿过它们，但由于它们被放在一座坟墓中，所以我们认为它们应该是留至来世使用的。这双凉鞋来自一对富裕夫妻的几乎完整的坟墓，他们的名字是由亚（Yuya）和图玉（Tjuyu），是阿蒙霍特普三世的岳父母。鞋子也暗示行动自由，这是埃及人想要永远享有的东西。

梅丽特（Merit）
的梳妆盒

约公元前 1390—前 1352 年

木头，颜料，彩陶，玻璃和雪花石膏·高：22 厘米，宽：29.5 厘米，长：49 厘米

来自德尔麦迪那，埃及

都灵埃及博物馆，意大利

    埃及人注重自己的容貌。下图中这套化妆品容器组合来自国王谷的"监工"卡（Kha）和他的妻子梅丽特的坟墓。两人都化了妆，戴着珠宝，但盒子上的象形文字标签称这个盒子属于梅丽特。这些器皿是由多种昂贵的材料制作的：玻璃、彩陶和雪花石膏，但盛放它们的盒子的装饰比较简陋。卡负责国王谷内的工程，因此能够得到奢侈的物品，也有能力委托他管辖的工人们为他提供各种服务。

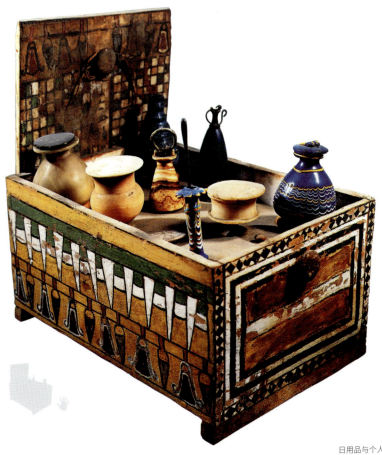

画工的调色板

约公元前 1390—前 1353 年
象牙和色素·长：17.5 厘米，
宽：4.4 厘米，厚：0.9 厘米
板有可能来自底比斯，埃及
纽约市大都会艺术博物馆，美国

　　一般书吏的调色板只有两个分别盛着黑、红两色颜料的凹陷，但图中所示的这个调色板可以放六种颜料。用于墙壁装饰的颜料可能会在一个大些的盘子或者器皿里混合。因此，这个更为精致的象牙调色板很可能是用来创作一种带有彩色插图的手稿的，就像《亡灵之书》那样的手稿。调色板上的椭圆形装饰上有阿蒙霍特普三世的名字，在他的治下，人们生产了一批颜色鲜艳的纸莎草版《亡灵之书》。人们可以用芦苇笔或者窄刷子蘸水来混合颜料。

马镫形罐子

约公元前 1390—前 1250 年
彩陶·高：10.5 厘米，宽：12 厘米
来自古罗布，埃及
曼彻斯特博物馆，英国

　　位于古罗布的宫殿综合建筑群是一个多元化的国际社会，因为这里还是几位非埃及妇女的家，她们被送给法老做妻子，以此确立她们的祖国与埃及之间的外交纽带。她们在仆人随侍下来到埃及，并从古代近东地区带来了各种进口物品。埃及工匠们在制造埃及彩陶时抄袭了其中的一些非埃及形式，如迦南的马镫形罐子，并在上面加上了他们自己的装饰。下图这个器皿上优雅的黑色图案参考了自然界的景物，采用了垂坠的荷花和鸭子的形状以及象征水的符号。这些是在第十八王朝中期至晚期宫殿中特别常见的图案。

化妆墨筒管

约公元前 1360—前 1352 年
彩陶 · 高: 14.4 厘米，直径: 1.8 厘米
来自埃及
纽约市大都会艺术博物馆，美国

　　埃及的男人和女人都给眼睛化妆，这既是出于美容的考虑，也是为了对抗太阳的照射。这个筒管是为盛放化妆墨而设计的，其形状便于人们使用细长的涂敷器。筒管上带有象形文字，通过这些文字，我们可以相当准确地确定文物的年代，因为其中提到了阿蒙霍特普三世和他的女儿西塔蒙（Sitamun）的名字，后者在他在位的大约第三十年成为他的王后。西塔蒙担任的王后一角很可能只是礼仪上的，与国王当政三十年后举行的"狼神"庆典相关，这就将这件文物的制造年代确定为他统治的最后几年。

年轻女仆的小雕像

约公元前 1390—前 1352 年
木头和少量黄金 · 高：14.9 厘米，宽：3.6 厘米，纵深：8 厘米
来自埃及
达勒姆东方博物馆，英国（Oriental Museum, Durham, UK）

　　这个搬运器具的女孩除了围绕腰间的腰带和戴有贝斯神像的护身符项链之外，以裸体出现。这一人像的勾画均匀，让它看上去与大多数埃及雕塑生硬的正面形象很不相同。女孩拿着的容器是为眼部化妆时使用的，能让这件作品展现一定程度的感官刺激和活泼氛围，这在石雕中是很难做到的。旁观者可能觉得雕塑情绪欢快，而当这个小雕像被置于一座坟墓中时，雕塑的女性特征会对死者的再生有促进作用。

窗户格栅

约公元前 1213—前 1203 年
石灰岩·高: 1.2 米, 宽: 79 厘米
来自孟斐斯, 埃及
费城宾夕法尼亚博物馆, 美国 (Penn Museum, Philadelphia, USA)

和凡人的居所一样, 大部分古埃及的宫殿是用泥砖建造的, 在岁月的蹂躏下未能保存到今天。然而, 莫尼普塔 (Merenptah) 在孟斐斯的宫殿有很多部分是用石头建造的。因此, 我们不知道这座建筑物真的是生者的居所, 还是附近的神殿综合建筑群的一部分, 是仪式场所。第 124 页图中这个格栅带有象征着"稳定"的符号"Djed"、纸莎草植物和蹲着的斯芬克斯 (狮身人面像——译者注), 这些都符合宫殿装饰的特征, 可以作为墙壁顶端的天窗。

带有速写像的石灰岩薄片

约公元前 1295—前 1150 年
石灰岩和颜料·长: 15.5 厘米, 宽: 14 厘米
极有可能来自德尔麦迪那, 埃及
剑桥菲茨威廉博物馆, 英国

许多粗糙的石灰岩薄片在德尔麦迪那的工人村存留了下来, 人们称之为 Ostraca。大部分薄片上写有粗糙的文字, 那些带有图画的薄片则经常表现宗教主题。然而, 对于看过这张速写的现代观众来说, 几乎人人都认为它是一幅漫画, 图上画的很可能是村里工人的一员, 可能是位石匠。这人秃顶, 没刮胡子, 而且对于埃及艺术来说不同寻常的是, 他还张着嘴。图中他正在用槌棒和凿子起劲地干活。

拉美西斯三世的腰带

约公元前 1182 年
亚麻·长: 5.2 米, 宽: 从 12.7 厘米渐
缩至 4.8 厘米
来自埃及
利物浦世界博物馆, 英国 (World
Museum, Liverpool, UK)

衣物是皇家陵墓中保存下来的最罕见的一类物品, 因为它们太脆弱了。即使在图坦卡门几乎完好无损的陵墓这一最特殊的环境下, 他的全套行头也没有得到很好的保存。因此, 人们发现拉美西斯三世的这条腰带或者系带完好无损, 真是一件令人震惊的事情。这条腰带很可能来自国王的陵墓。有人用墨在腰带悬垂的"围裙"上写了一个"第二年"的年号和王室的名字, 但却被人们使用的一种保存技术毁去了。据估计, 这条腰带需要三四个月才能制成。

宫殿花砖

约公元前 1184—前 1153 年

多色彩陶·高: 26 厘米, 宽: 6.5 厘米
来自拉美西斯三世祭葬殿 (Medinet Habu, 又
称梅迪内哈布), 西底比斯, 埃及
波士顿美术博物馆, 美国

　　无论宫殿多小, 即使像底比斯的
拉美西斯三世祭葬殿那样小、那样仪
式化, 它们的内部仍然装饰华丽, 埃
及国内外来访的高层人士能够进入的
宫殿尤其华丽。这些花砖描绘了形形
色色被埃及征服的敌人: 右侧图中所
示的花砖表现的是留着不同发式、穿
着不同服饰的努比亚人; 其他的花砖
刻画了亚洲人和利比亚人 (Libyans)
的形象。花砖中的努比亚人双手被
绑缚, 它们很可能曾经被用来装饰国
王经常走过的宫殿地板, 让国王可以
用这种神奇的方式把他的敌人踩在脚
下。这些亮闪闪的花砖五彩缤纷、光
亮皎洁的样子会使来访者产生震惊而
又敬畏的情绪。

卡摩斯（Kamose）石碑

约公元前 1550 年
石灰岩·高: 2.3 米，宽: 1.1 米，厚: 28.5 厘米
来自卡纳克神殿，埃及
卢克索博物馆，埃及（Luxor Museum, Egypt）

　　在被希克索斯王朝统治了大约一百年之后，埃及人奋起抗争，推翻了欺凌他们的外国统治者。这场"解放战争"中的一位关键人物是卡摩斯。他的继承人是阿摩斯（很可能是他的兄弟），后者进一步建立了第十八王朝，并因此开启了埃及的"黄金时代"。这座石碑上的碑文用生动的语言描述了当时的政治形势。这是卡摩斯或者他的继承人建造的至少两块石碑中的一块，用以纪念他的胜利。这里显示的是"第二块"石碑，描述了埃及武装力量俘虏希克索斯王朝的信使兼敌方情报官的过程。

哈特谢普苏特的塑像

约公元前 1473—前 1458 年
石灰岩晶体和颜料·高: 1.9 米, 宽: 49 厘米,
纵深: 1.1 米
来自德尔巴赫里 (Deir el-Bahri), 底比斯, 埃及
纽约市大都会艺术博物馆, 美国

哈特谢普苏特女王是古埃及的几位女
性统治者中最有成就的一个。她是一位国
王的女儿、另一位国王的遗孀、第三位国
王的继母,并逐步把自己的形象由女王转
变为男性法老。这座塑像表现了这个过程
中的过渡阶段,当时人们仍然认为哈特谢
普苏特是女人,塑像上隆起的胸部是女性
的标志,但她身上穿戴的却是传统的男
性服饰——法老头巾、短裙和法老的公
牛尾巴。塑像上的象形文字铭文用国王
的修饰词认定她的身份,但用的却是适
用于女性的语法。

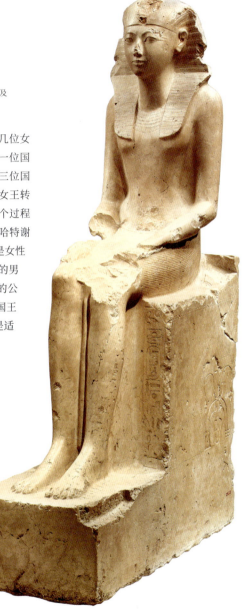

希内穆特（Senenmut）和涅弗鲁利公主（Princess Neferure）的塑像

约公元前 1473 年
花岗闪长岩·高: 72.5 厘米，宽: 24 厘米
来自卡纳克神殿，埃及
伦敦大英博物馆，英国

　　精英人物在神殿中的雕塑是为吸引过路者的注意而设计的。这座塑像表现的是希内穆特——哈特谢普苏特手下的一位高层官员，也是哈特谢普苏特的女儿涅弗鲁利的导师。这件文物的年代是哈特谢普苏特统治的早期，当时她还没有取得"法老"的头衔。塑像中的公主被包裹在希内穆特的斗篷中，显示了两人不同寻常的亲密姿态，这或许会让当年看到塑像的人感到震惊。希内穆特发明了几种新的雕塑样式，这种雕塑方式是他标榜自己与王室家庭关系特别亲近的典型做法，有人甚至认为他是涅弗鲁利的父亲。

哈特谢普苏特的斯芬克斯

约公元前 1473—前 1458 年
花岗岩和颜料·高: 1.3 米,
长: 2.8 米
来自德尔巴赫里, 底比斯, 埃及
柏林埃及博物馆, 德国

斯芬克斯是法老可以采用的最强有力、最令人感到敬畏的形式。因此, 女性法老哈特谢普苏特选择它来表现她作为统治者的力量与合法性也就不足为奇了。与希腊神话中正常的雌性斯芬克斯不同的是, 埃及斯芬克斯允许对性别做模糊处理, 因此非常适合哈特谢普苏特用来彰显自己作为国王的地位。在她死后大约二十年, 由于王朝继承的原因, 人们努力地销毁了哈特谢普苏特的这一形象。这座斯芬克斯像是用许多不同的碎片重建的, 是这位女王在古代被摧毁的祭葬殿中的许多雕塑之一。

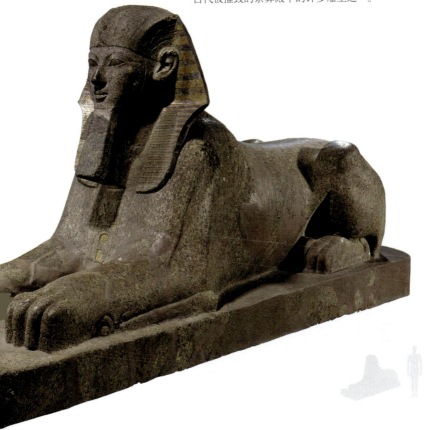

奠酒祭神仪式
用器皿

约公元前 1479—前 1425 年
银·高: 19.5 厘米，直径: 13 厘米
来自底比斯，埃及
纽约市大都会艺术博物馆，美国

通过联姻，新王国时期的埃及国王与一些外国政府结成了同盟。第 133 页图中这个造型优雅的器皿来自土司茅斯三世的某位妻子的陵墓。这位贵妇人很可能是从近东来到埃及的，她有一个相当非埃及化的名字——门维（Menwi），用象形文字按照发音标注。蚀刻在这些器皿上的铭文表明，它们是国王赠送的礼物。这些器皿说明了宫殿的奢华，而土司茅斯三世对外征战不绝，战利品让宫殿更为奢华。他征讨的对象很可能距离他的外国妻子成长的地方不远。

玻璃锭

约公元前 1352—前 1336 年
玻璃·高: 14 厘米，宽: 8 厘米
来自阿马纳，埃及
利物浦加斯唐考古博物馆，英国

在古代近东，玻璃制造业是一个高端行业，玻璃产品也因其亮丽的颜色而在地中海周围地区受到热捧。人们曾在好几个埃及宫殿遗址中发现了玻璃工坊，尤其在阿肯那顿的首都阿马纳。与这块玻璃锭（见左下图）类似的原材料或许是通过进口或者贸易得来的，反映了当时国际贸易的范围和关联性。类似的玻璃锭也曾在乌鲁布伦（Uluburun）沉船上被发现，这艘船在阿马纳时期结束前后沉没在今土耳其沿岸海域。

阿肯那顿的塑像

约公元前 1352—前 1336 年

砂岩·高：1.3 米，长：88 厘米，纵深：60 厘米

来自卡纳克，埃及

国家考古博物馆，巴黎，法国（National Museum of Antiquities, Paris, France）

曾被誉为"史上第一人"的阿蒙霍特普四世后来改名为阿肯那顿[阿顿（Aten，古埃及人信奉的太阳神——译者注）的仆人]，从而以最惊人的方式背离了埃及国王的传统表达。在第 135 页所示的塑像中，国王展现了他最极端的特色。他两手交叉，紧握着表示皇家权力的权杖：曲柄手杖和连枷。他的胸前和手腕上刻着带扁平的椭圆形外部轮廓的名章，刻的是阿顿神的名字。有些学者解释了这些名章不寻常的位置，认为这一点说明，这座巨型塑像最初属于阿蒙霍特普三世，然后又由他的儿子进行了重新雕琢。阿马纳时期最特立独行的特点在这里得到了夸张：一张又瘦又长的脸；有斜视的狭窄的眼睛；厚实的嘴唇和鼓鼓囊囊的胸脯。人们经常把这些特点当成是敏感、颓废和道德沦丧的象征。然而，人们有必要认真考虑它们在卡纳克的神殿结构中所处的原始环境。从地面上观察，巨型塑像并没有受到严重的损伤。这些塑像是被有意拆开了，并在阿肯那顿的统治结束之后被埋了起来，试图消除人们对他的记忆。但具有讽刺意味的是，此举却让阿肯那顿与众不同的特征在良好的条件下得到了保存。

为了迅速地建造宫室，阿肯那顿在卡纳克的建筑物是用小的石块修建的。它们展现了一种代表国王的新风格，这种风格展现在为他最喜爱的神明阿顿举行的祭祀上。

楔形文字模板

约公元前 1390—前 1352 年

陶·高: 30.7 厘米, 宽: 17.2 厘米,
厚: 4.5 厘米

来自阿马纳, 埃及

古代近东博物馆, 柏林, 德国
(Museum of the Ancient Near
East, Berlin, Germany)

由于使用楔形铁笔书写, 楔形文字具有与众不同的外观。人们用它记录阿卡德语——公元前 14 世纪外交往来的书面通用语。有人曾在阿马纳的皇家宫殿废墟中有一次偶然的发现, 最终让一整套楔形文字模板重见天日。现在已知共有大约四百件这样的文物, 其中许多诞生于阿肯那顿的统治之前, 这意味着人们曾刻意保存它们。这些模板大多数是国王之间的往来信件, 有些 (包括下图所示的这一份) 是米坦尼 (Mitanni, 今北叙利亚) 的国王图什拉塔 (Tushratta) 发出的, 收信人是阿蒙霍特普三世。这些信以称阿蒙霍特普为"我的兄弟", 并对他、他的家庭和他的人民表示美好祝愿作为开头。这些信的基调是直截了当地热切讨好法老, 经常历数自己送去的礼物, 有些信也清楚无误地表达了希望获得回赠礼物的请求。遗憾的是, 埃及一方的回答没有被保存下来。

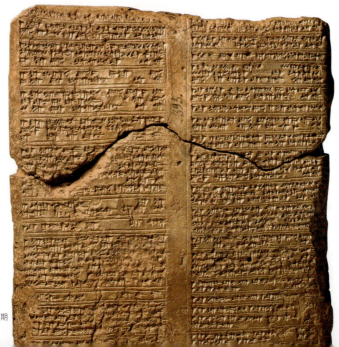

杜雅王后（Queen Tuya）的塑像

约公元前 1390—前 1213 年

花岗岩·高: 2.2 米, 宽: 56 厘米, 纵深: 85 厘米
来自拉美西斯二世祭葬神殿（Ramesseum）, 底比斯, 埃及
罗马梵蒂冈博物馆, 意大利（Vatican Museums, Rome,
Italy）

　　除了展现法老的塑像之外, 超过真人尺寸的雕塑刻画最多的形象是法老的正妻。这座令人动容的王后塑像最早是作为阿蒙霍特普三世的妻子泰雅王后（Queen Tiye）的纪念碑雕琢的。大约一个世纪之后, 杜雅王后的儿子拉美西斯二世让人将这座塑像重新雕刻为他母亲的形象, 并把它放进了他自己的葬祭神殿中, 这是一次臭名昭著的纪念碑掠夺事件。这座塑像吸引了卡利古拉皇帝（Emperor Caligula, 罗马帝国皇帝, 公元 12—41 年——译者注）的注意, 结果他下令把部分损坏的塑像运到了罗马。在把塑像安装起来之后, 人们修复了它后柱上被曲解的图示。

阿努比斯神龛

约公元前 1336—前 1327 年
木头，黄金和颜料·高: 1.1 米，宽: 52 厘米，长: 2.7 米
来自国王谷，底比斯，埃及
开罗埃及博物馆，埃及

　　图坦卡门的陵墓几乎完好无损，人们在其中发现了新王国时期皇家墓葬中最完整的"一套"物品。豺神阿努比斯（jackal god Anubis）是大墓地的保护神和木乃伊化仪式的大师。人们在它的塑像存身的神龛内发现了几件与木乃伊的制作有关的物品。人们在这个神龛上凿了两个孔，便于携带。如同大多数墓葬中的塑像一样，这座阿努比斯的塑像身上包裹着麻布；塑像上带有墨题词，年代为阿肯那顿七年。在其他的皇家陵墓中也有类似的豺塑像碎片，说明它们也曾在那里存在。

奈费尔提蒂的胸像

约公元前 1352—前 1336 年
石灰岩·灰泥和颜料·高：48 厘米
来自阿马纳，埃及
柏林埃及博物馆，德国

　　很有可能，奈费尔提蒂（Nefertiti）的胸像（第 140 页图）是古代世界最富标志意义的塑像。人们很难考察它的环境背景，因为这座胸像实在太不同寻常了。胸像上没有任何文字说明，但它确实属于奈费尔提蒂，而不是另一位阿马纳王室贵妇，这是因为它头上戴着的是那顶用彩色缎带装饰着的、高高的蓝色平顶后冠。这座胸像很可能发挥过实际功用，因为它是一种典型式样，工匠的工坊会以它为标准制造其他雕塑。人们已经在一间工匠的"工作室"里发现了有关试验件的许多考古证据，包括一座刻画阿肯那顿的、已严重损坏的相似塑像。胸像面部具有强烈的美学吸引力，但我们不应该受此诱惑，相信这就是奈费尔提蒂的真实相貌。尽管人们经常赞扬阿马纳艺术的写实性，但它终究充斥着歪曲和风格化行为。由于这座胸像的独特性质，有人认为（显然根据不足）它是一个赝品。埃及古物是否应该归还埃及？由于胸像在 1912 年考古挖掘中出土的具体情况，它在这场论战中处于中心地位。

阿马纳市的古代名称是埃赫塔吞（即"阿顿的地平线"）。这座城市在阿肯那顿的统治结束后不久便被遗弃了，留下了许多保存良好的城市生活图景，包括工匠的生产区。

描绘一位法老的速写

约公元前 1294—前 1143 年
石灰岩和颜料 · 高: 18.5 厘米, 宽: 14.6 厘米,
厚: 2.9 厘米
来自底比斯, 埃及
巴尔的摩沃尔特斯艺术博物馆, 美国 (Walters Art
Museum, Baltimore, USA)

　　法老的非正式形象非常少见。在设计墓葬和神殿墙上的大型正式场景时, 工匠们使用石灰岩薄片 (Ostraca) 进行非正式的速写。左侧图内的这块薄片可能是一座纪念碑的试验件, 因为上面有手的图案。画中很不寻常地表现了自然的胡须生长, 这在其他情况下是与哀悼相关的。这位国王戴着与加冕仪式相关的蓝色王冠, 很可能因为这是一位还处于他前任的哀悼期的新国王。

记录阴谋的纸莎草文件

约公元前 1153 年
纸莎草和墨 · 高: 41 厘米, 长: 5.4 米
来自底比斯, 埃及
都灵埃及博物馆, 意大利

　　谋杀法老是一件难以启齿的罪行。第 143 页图中所示是一份记录法庭诉讼的独特文件, 它让我们一窥后宫阴谋这一私密世界的真实面貌。疑犯是一批男人和女人, 他们被控谋杀拉美西斯三世, 以使某个继承人登上国王宝座。我们不清楚这一阴谋是否真的成功了, 最近对拉美西斯的木乃伊进行的一次 CT (计算机断层扫描) 测试为此提供了结论性证据, 扫描数据说明他死于颈部的重大创伤。根据纸莎草文件的记录, 被告一方当事人被允许自裁。

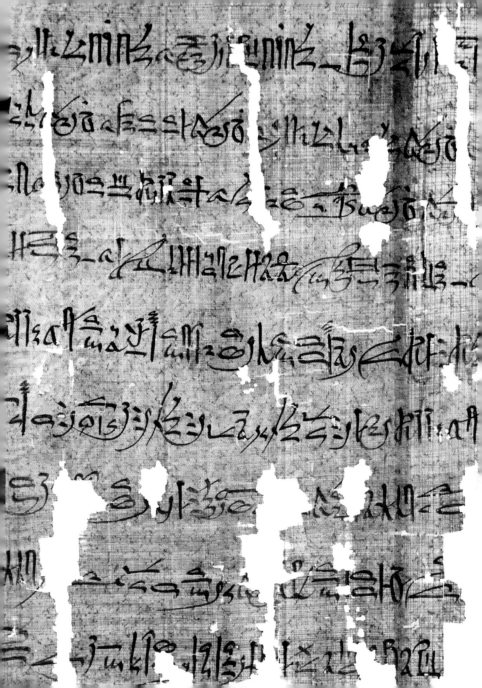

有关盗墓案的一份记录

约公元前 1118 年
纸莎草和墨·高: 25.6 厘米, 长: 40.4 厘米
来自底比斯, 埃及
利物浦世界博物馆, 英国

　　有证据显示, 当时存在着广泛的盗墓现象, 它严重地破坏了死者进入极乐永恒的埃及理想, 盗墓者显然经常在死者下葬后不久就实施这种罪行。由于墓葬物品丰富, 位于国王谷的新王国时期皇家陵墓特别受盗墓者的觊觎。尽管人们为这些隐藏的墓葬设计了安全措施, 但那些在皇家陵墓附近居住和工作的人拥有某些技能, 使他们在对付这些措施时不那么困难。到了新王国时期末期, 欠薪引发的工人罢工和沙漠中居住的利比亚游牧民族的暴力劫掠使西底比斯地区处于水深火热之中。如此艰难的时局让盗墓案件的数量增加, 因为在这时, 大墓地安保措施减少或者缺失, 于是当地居民便可趁虚而入。

　　尽管人们在第十八王朝早些时候就听说过国王谷发生的盗墓案件, 但在新王国时期的最后, 盗墓愈演愈烈。这份纸莎草文件是几份文件中的一份, 其中抄录了一些人被控犯罪行为的法庭诉讼。这些记录描述了对一些有影响力的官员的严刑审讯, 其中包括某些王室管家, 他们最终被判盗窃皇家陵墓罪。毫不令人吃惊的是, 他们被判处死刑。

国王谷位于一个相对偏远安静的沙漠山谷中。这让大墓地的官员们能够限制外人进入皇家墓葬地，并在整个新王国时期的大部分时间内维持了国王谷的安全。

一座皇家陵墓的
平面图

约公元前 1153—前 1147 年
纸莎草和墨·高: 35 厘米, 长: 1.2 米
来自底比斯, 埃及
都灵埃及博物馆, 意大利

古埃及建筑物的蓝图通常只存在于虚构的文学作品中。但下方这份纸莎草平面图中的信息多得异乎寻常, 因为它给出了埃及人自己对一部分皇家陵墓的命名: 陵寝墓室叫作"金屋", 还有"战车厅"和"沙伯替厅"(一种木乃伊造型的小型人俑——译者注), 后两个名字都与其中放置的物品有关。这份平面图相当详细地记录了拉美西斯四世(Ramesses IV)墓葬的布局。或许这还算不上建筑师的草图, 而只是对陵墓完成时尺寸的记录。大墓地的官员们或许早就一直在记录陵墓的大小与位置, 以免在建新陵墓时与原有的陵墓发生意外重叠, 同时也利于监控安全状况。

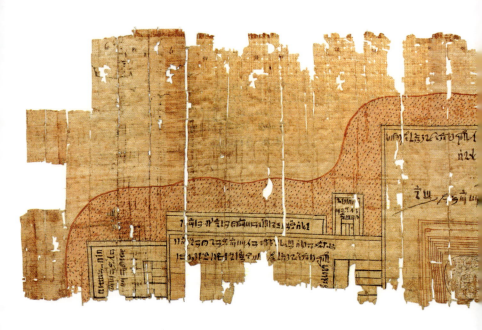

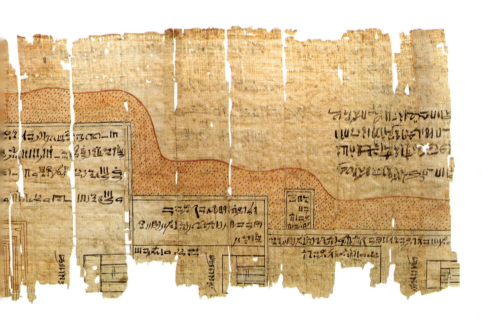

魔法权杖

约公元前 1427—前 1400 年
彩陶·高：2.2 米，宽：25 厘米，纵深：48.2 厘米
来自奈加代，埃及
伦敦维多利亚和阿尔伯特博物馆，英国（Victoria and Albert
Museum, London, UK）

　　这很可能是用彩陶（一种上了釉的陶）制作的
最大的单一物件。它用的是"Was"权杖的形式，
"Was"是象征权力和支配权的一个符号。权杖顶端
的形状像一个动物的头，尽管我们无法准确地断言
它想要模仿哪种动物。有些学者认为是驴子或者与
混乱之神塞斯相关的神话动物。考虑到这个仪式用
物品是在一座塞斯神殿中被发现的，这可能是一种
有意的结合。这根权杖是在阿蒙霍特普二世统治时
期被人有意埋在一个所谓的"地基沉积"内的，用
以保证这座神殿世代永固。

木棒沙伯替

约公元前 1500 年
木头·长: 13.5 厘米
来自阿斯旺，埃及
曼彻斯特博物馆，英国

这些物品看上去粗陋不堪，因此人们只能称之为"木棒"或者"桩子"沙伯替。然而，大多数沙伯替会被封闭在陵墓中，以便在魔法的驱动下在来世为死者执行任务。与大多数沙伯替不同，这些小雕像通常在第十八王朝早期陵墓的院子里被发现，似乎是被留在陵墓的外部作为供奉，或者很可能是来访者的象征。它们身上没有带着通常的"沙伯替咒语"，而是带着基本的供奉祷告词，上面写着的是死者或者提供者的名字。

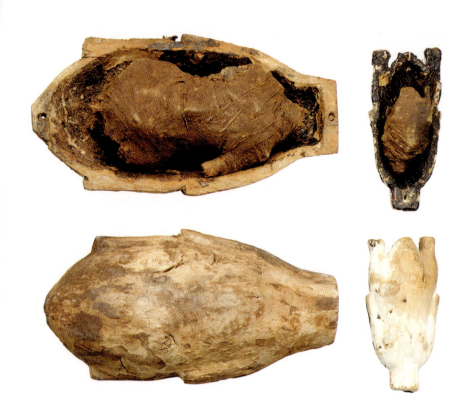

做成木乃伊的鸽子

约公元前 1525—前 1504 年
亚麻，木头，树脂和动物尸体·盒子
长：35.5 厘米
来自德尔巴赫里，底比斯，埃及
波士顿美术馆博物馆，美国

古埃及人普遍相信，人死后，死者的灵魂需要食物与饮品这类维持生命的必需品。在理想情况下，这些东西将由家庭成员亲自提供，或者通过陵墓中的图画或者模型提供。然而，在偶然的情况下，人们会用烹饪过的肉提供真正的饭食，如大块牛肉或者鸭肉，上面覆盖着帮助保存的树脂：这是为死者准备的木乃伊化的菜肴。能证实这些所谓"供食木乃伊"存在的实例不多，显然仅限于新王国时期的底比斯陵墓。

哈普（Hapu）的儿子阿蒙霍特普的书吏塑像

约公元前 1390—前 1352 年
花岗闪长岩·高：1.3 米
来自卡纳克，埃及
卢克索博物馆，埃及

在非常罕见的情况下，死去的凡人得以提升，加入了神灵的行列。哈普的儿子阿蒙霍特普就是这样一个人。图中出现的阿蒙霍特普像个饱学之士，摆出了一种非常高贵的姿态，袒露的上身有点皮松肉弛，一副富态相。他的头向下低垂，好像正在阅读腿上的纸莎草卷轴，或者在卷轴上书写。阿蒙霍特普死后获得尊崇的原因在于他为与他同名的国王阿蒙霍特普三世提供了卓越服务。他有许多头衔，包括"皇家工作监督者"，并负责许多雄心勃勃的皇家建设项目。他甚至拥有自己的神殿，这是加之于一个没有皇家血统的人的史无前例的荣誉。

哈蒂埃（Hatiay）
的石碑

约公元前 1323—前 1295 年
石灰岩·高: 1 米，宽: 67 厘米
来自阿拜多斯，埃及
国家古物博物馆，莱顿，荷兰
(National Museum of Antiquities,
Leiden, Netherlands)

众所周知，阿肯那顿王是一位革命者，他扫除了埃及诸神中的一大部分，来为他喜欢的太阳神阿顿让路。在阿肯那顿死后，重新梳理传统宗教实践的任务成了一项复杂的事业。人们知道，曾经有一位名叫哈蒂埃的男子，他在阿马纳生活，有一份工匠的工作，而且在那里按照阿肯那顿的新风格创作艺术品。然而，哈蒂埃后来似乎改变了立场，回归正统。他在这件葬仪铭文（见第 152 页图）中夸口，说他已经获得了过去神灵的秘密知识，还叙述了他是如何重新创作他们的塑像的。

刻画人们拉动塑像之场景的浮雕

约公元前 1336—前 1323 年
石灰岩·整个场面高: 59 厘米，长: 2.5 米
来自塞加拉，埃及
柏林埃及博物馆，德国

来自塞加拉陵墓圣堂墙壁上的浮雕具有独特的后阿马纳时期风格，倾向于显示仪式过程的细节，这种情况不曾出现在其他地方。这个来自马雅（Maya）陵墓的浮雕表现了葬礼过程的一部分，其中展示的仪式——运送塑像——经常出现，尽管很少被展现出来。一名男子在塑像的正面洒上液体，其他一些人用绳子拖拉塑像。一位主祭在塑像上放了一个领子，说明当时塑像上的文字是对过路者的一项请求，请他们"在我的脖子上拴一束花环"。

阿蒙霍特普一世的塑像

约公元前 1295—前 1186 年
石灰岩和颜料·高: 65 厘米, 宽: 27 厘米
来自德尔麦迪那, 底比斯, 埃及
都灵埃及博物馆, 意大利

　　国王阿蒙霍特普一世 (约公元前 1525—前 1504 年) 被尊为德尔麦迪那村的创建人, 该村是在国王谷中建造皇家陵墓的工人们的住所。阿蒙霍特普一世和他的母亲, 雅赫摩斯-奈菲尔塔利王后 (Queen Ahmose-Nefertari) 差不多相当于工匠社团在当地的无私赞助者。来自村里的文献以神谕的形式记录了阿蒙霍特普的塑像, 塑像刻画的是国王接受提问的场景。这个塑像的风格说明其创作年代是拉美西斯时期 (Ramesside), 在这位传奇国王死后, 很长时间内, 它很可能被放在村庄旁边的一个公用的小型圣堂里。

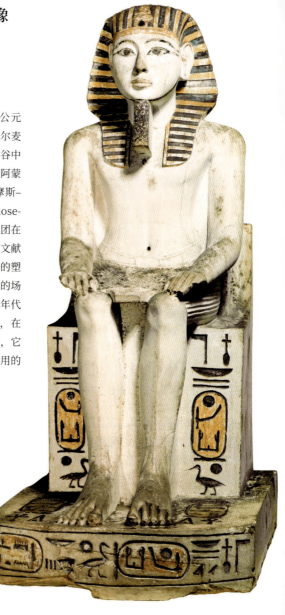

耳朵石碑

约公元前 1400—前 1200 年
石灰岩 · 高: 22.3 厘米, 宽: 17.1 厘米
来自孟斐斯, 埃及
伦敦大英博物馆, 英国

古埃及人相信, 在石头上雕刻某件东西会让这件东西具有神奇的功效。所以, 作为与神灵接触的手段, 人们认为, 在诚心祈求的纪念碑上刻上耳朵, 就能够让神灵更清楚地听到刻在上面的祷告词。人们在图中所示的石碑上刻下了四十四只耳朵, 上面还刻着给卜塔神（God Ptah）这位"能听到祈求的真实之主"的祷告词。这是人们相信这尊神的一种形式, 他特别平易近人。这块石碑是由一位名叫马胡伊阿（Mahuia）的匠人敬献的, 他本人或许参与雕刻了这块石碑。

祖先胸像

约公元前 1295—前 1186 年

石灰岩·高: 51 厘米, 宽: 26 厘米, 纵深: 29 厘米

来自底比斯, 埃及

伦敦大英博物馆, 英国

对于大多数埃及人来说, 日常的宗教活动很可能涉及祭拜祖先, 在家中尤其如此。这类家庭仪式的证据保存状态欠佳, 但还是有一些来自新王国时期德尔麦迪那镇的石灰岩胸像被解释为受人尊敬的祖先。图中的文物很罕见, 因为上面带有铭文, 说明这是一位名叫穆提密内特 (Muteminet) 的女性; 大多数胸像上没有铭文, 似乎是作为多个祖先的精神载体存在的。穆提密内特的假发是弯曲的, 这很可能暗示着西方女神哈索尔 (Hathor), 她欢迎死者。

摩斯 (Mose) 的石碑

约公元前 1279—前 1213 年

石灰岩·高: 67.5 厘米, 宽: 0.5 厘米, 纵深: 12.5 厘米

来自康提尔 (Qantir), 埃及

希尔德斯海姆市罗默和佩里希亚斯博物馆, 德国 (Roemer-und Pelizaeus-Museum, Hildesheim, Germany)

思考一下出现在石碑 (见第 157 页图) 上的场景: 它们究竟是在描述普遍的理想还是历史事件呢? 这一点人们经常无法弄清。刻在这块石碑上的东西让人觉得是一个特定事件, 原因是上面表现了不同寻常的细节。左上方表现的是正在崇拜卜塔神的法老拉美西斯二世; 石碑右面是他在带有垫子的窗台上站着, 把奖赏向四处抛撒; 而石碑下层则是正在奖赏士兵的国王。有趣的是, 在石碑下层, 国王站在他自己的一个巨型塑像上面, 专家认定这是所谓的"统治者双重像" (Re-of Rulers)。作品的意图或许是要表现国王站在一座神殿内的阳台上, 不远处是他的巨型塑像。

萨德赫蒂（Satdjehuty）
的木乃伊面具

约公元前 1500 年
亚麻，灰泥，黄金和颜料·高: 61 厘米，宽: 32.5 厘米，
纵深: 19 厘米
极有可能来自底比斯，埃及
伦敦大英博物馆，英国

　　在一个神话片段中，人们在描述百无聊赖的太
阳神时说他有着银子做的骨头、天青石的头发和黄
金的肉。这样一个神明虽说很虚幻，但却是每个财
力足够的埃及人希望模仿的。富人用黄金打造了棺
材和面具，给自己赋予神灵般的永不磨灭的光辉。
第 159 页图中所示的这个精致的镀金面具属于一个
地位崇高的女子，带有条纹的假发上方的猎鹰头饰
说明了她的性别。死者的名字没有在底部的灰泥标
签上保存下来——根据与其他物品的联系，我们推
测她是一个名叫萨德赫蒂的贵族女子。

一包泡碱

约公元前 1327 年
亚麻和泡碱·高：3.6 厘米，
宽：6.6 厘米，长：8.5 厘米
来自国王谷，底比斯，埃及
纽约市大都会艺术博物馆，美国

在埃及这样一个炎热的国家里，保存尸体的关键是有效地脱水。人工木乃伊化过程依赖于一种叫作泡碱的物质，它是碳酸钠和氯化钠的天然混合物。在对法老的尸体做防腐处理时，人们小心仔细地保存着过程中出现的任何碎屑，包括可能已经吸附了半神圣尸体上的流体的泡碱。这一包泡碱来自曾经用于国王图坦卡门的防腐过程的一批物料，人们并没有弃它们如敝屣，而是小心地把它们埋在国王谷靠近皇家陵墓的地方。

由亚（Yuya）
的战车

约公元前 1390—前 1352 年
木头，黄金和皮革·车身宽:90 厘米,
杆长: 2 米，轮子的直径: 75 厘米
来自国王谷，底比斯，埃及
开罗埃及博物馆，埃及

　　这辆马拉战车是一件军用装置，是由希克索斯王朝从西亚引进的。埃及人掌握了这项新技术，生产了他们自己的轻型战车。事实证明，这些战车非常有价值，它们让埃及人在第十八王朝时期征战邻国时占了上风。除了应用于战场，这种战车也是打猎时的豪华版交通工具。新王国时期的法老和一些高层官员的墓葬中有战车存在。图中的战车来自阿蒙霍特普三世的岳父由亚几乎完好无损的陵墓，他恰如其分地拥有"马匹之主"的头衔。

图坦卡门的木乃伊面具

约公元前 1327 年
黄金，玻璃和半宝石·高: 54 厘米，宽: 39.3 厘米，纵深: 49 厘米
来自国王谷，底比斯，埃及
开罗埃及博物馆，埃及

图坦卡门的这副面具（第 162 页图）很可能是古埃及流传下来的最具偶像意义的物品。这里表现的国王是一位头戴法老头巾的人物，它与众不同的蓝色条纹也是让这副面具能被人一眼认出的特点之一。不同寻常的是，这位国王的前额上不但佩戴了标准的眼镜蛇标记，而且也佩戴了猎鹰的标记；这对动物很可能代表着一对保护女神姊妹——伊西斯和奈芙蒂斯（Isis and Nephthys）。当这副面具在木乃伊的脸上被人发现时，它上面戴着很长的仪式性胡须和三线珠项链。根据《亡灵之书》第一百五十一章，所谓"神秘之头的咒语"以象形文字镌刻在面具的肩膀上。这段文字的目的，是保证面具能够有效地用魔法保护死者脆弱的头颅，使之不受邪恶力量的伤害。这段文字也给予面具能力，使之可以把视力赋予死者。最近的研究表明，这副面具可能是一件复合创造物，最初是为图坦卡门的（女性）前任打造的。尽管此处图坦卡门的面部特征很可能与他生前不符，但人们在制造面具时强调了其独特性，加进了与面具其他部分的颜色略有不同的黄金。

当英国埃及古物学家霍华德·卡特（Howard Carter）修饰图坦卡门的面具，准备把它拿到开罗展出的时候，他有意没有把国王的礼仪式胡须重新装上去，因为他觉得它有碍观瞻。

哀悼的场面

约公元前 1350—前 1250 年
石灰岩·高: 43 厘米, 宽: 40 厘米
来自埃及
伯明翰博物馆与艺术画廊, 英国
(Birmingham Museum and Art Gallery, UK)

古埃及的葬礼是喧闹的, 墓葬中有关葬礼的描述显露出了明显的激情, 打破了埃及艺术礼仪的重要规则。图中所示是葬礼场景的一个部分, 其中显示了葬礼仪式的高潮 "打开嘴巴", 这时死者木乃伊竖直站立。这一典礼神奇地为死者重新激活了来世的感官。图中也刻画了死者的女性亲属, 她们拉扯着自己的头发, 朝自己的头顶撒土。

塞提一世(Seti Ⅰ)的石棺

约公元前 1294—前 1279 年
雪花石膏·长: 2.8 米, 肩部宽:
1.1 米
来自国王谷, 底比斯, 埃及
伦敦约翰·斯莫恩爵士博物馆, 英国
(Sir John Smoane's museum,
London, UK)

这个石棺是意大利探险家乔瓦尼·巴蒂斯塔·贝尔佐尼(Giovanni Battista Belzoni)于 1817 年 10 月在国王谷最大的皇家墓葬中发现的。只有石棺的盆或者说槽完整地保存了下来。棺盖很可能是被盗墓者打碎了, 因为人们也同时发现了它的碎片。半透明的雪花石膏上有雕刻, 而且其中装满了"埃及蓝", 即粉末状的蓝色玻璃熔块。石棺的装饰按照《地狱之书》(Book of Gates)中叙述的场景精心雕刻而成, 描述了太阳和去世的国王一起穿过地下世界的情景。棺底有一个天空女神努特(Nut)的守卫形象。

塞提一世的沙伯替小雕像

约公元前 1294—前 1279 年
木头和树脂·高度各不相同：约 12
厘米
来自国王谷，底比斯，埃及
巴黎卢浮宫，法国

尽管人们预期死者拥有一个由神灵陪伴着的来世，但即使国王也需要人们为他提供沙伯替（仆人）小雕像。人们为塞提一世提供的沙伯替数目超过了其他的埃及国王，估计有超过一千座。有的沙伯替是用彩陶、皂石和雪花石制造的，但最普遍的材料是被树脂包裹的木头；经检测，其中有些是杜松料，但制造手法相当平庸。当意大利探险家乔瓦尼·巴蒂斯塔·贝尔佐尼于 1817 年发现塞提一世的陵墓时，他说他发现了数以百计的小雕像。由于这些雕像太多而且易燃，他用它们做火把照明。

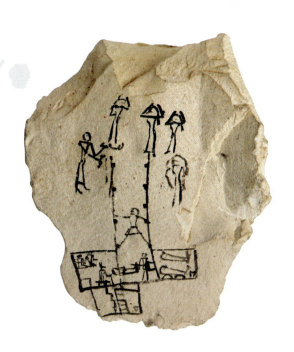

画有一次葬礼情况的石片

约公元前 1450—前 1150 年
石灰岩和黑墨·高：11.2 厘米，宽：10.2 厘米
来自西底比斯，埃及
曼彻斯特博物馆，英国

在古埃及，石片相当于便条纸，人们可以匆匆地在石头或者陶片上写下点什么，在用过后往往随手扔掉。这种东西在德尔麦迪那工人村中特别常见，而图中所示的石片很可能就是从那里来的。上图中这块石片上的速写非常独特，因为上面展现的是一个正在进行中的葬礼。四名手抱着头的女性哀悼者和一位男性主祭站在一个墓葬竖井旁，竖井里的一名男子正沿着井壁上的立足点走上或者走下竖井。在下面的小室中，多名男子（其中一人戴着豺面具）带着一个木乃伊，正在向另外两名男子与其他的墓葬物品走去。

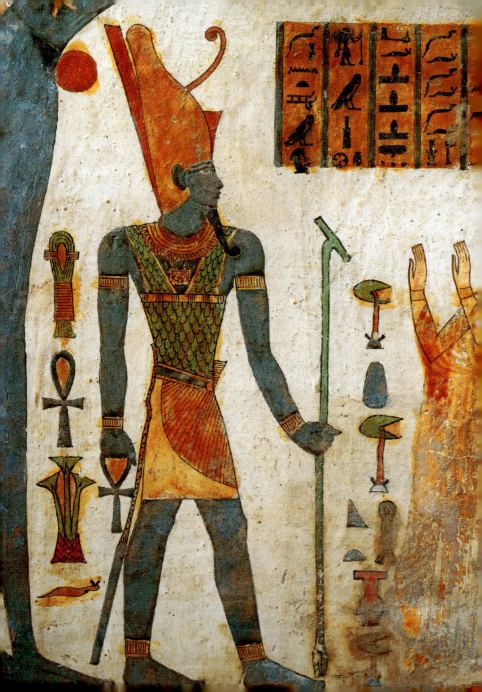

第三中间期
约公元前 1069—前 747 年

埃及的白银时代

在第三中间期上层人士的墓葬中，涂有鲜艳颜色的木碑是经常出现的几种物品之一。这些物品通过太阳神雷-霍雷科蒂（Re-Horakhty，意为"地平线上升起的太阳"——译者注）和阿图姆，与死者关联起来。第 168 页图中展现的是一位名叫塔比列特（Taperet）的女子，她正在敬拜阿图姆神。

　　新王国在第二十王朝后期的没落造成了埃及的又一次宗教回归。拉美西斯家族的国王们继续在尼罗河三角洲居住，但尼罗河发生了一次改道，导致塔尼斯东北面的大城市培尔拉美西斯（Pi-Ramesses）大面积迁移。在这一过程中，许多纪念碑雕塑被搬走了。这一庞大的工程象征着第三中间期文化的一个重要特点：这是一个"白银时代"，它被自己的辉煌历史所遮蔽，不得不重新启用过去，并通过仪式激活其青春活力。

　　拉美西斯十一世（Ramesses XI）死后，埃及在名义上仍然在他的继承人——以尼罗河三角洲为基地的国王斯曼迪斯（Smendes）治下保持统一。但实际上，南方的权力落入了底比斯祭司们的手中。卡纳克处于一个底比斯神权国度的中心，阿蒙神是那里的统治者，阿蒙神的意愿由阿蒙的大祭司来实施。一个大祭司的王朝出现了，他们处处表现得如同国王一般。他们最引人注目的行为是负责重新埋葬数十个皇家成员，处理这些成员在国王谷的陵墓。这一工程一方面出于对他们的卓越祖先的崇敬，但也受到经济的驱动，因为大量证据说明，在整修棺材并重新包裹木乃伊时，人们小心翼翼地取下了贵金属。

塔尼斯是许多令人印象深刻的废墟的所在地,当人们于二十世纪八十年代初拍摄一部名叫《夺宝奇兵》(*Raiders of the Lost Ark*)的影片时,它成了一个重要的外景拍摄地。大部分雕塑属于以前的国王,它们被重复使用,并在第三中间期重新高高耸立。

人们当时十分担心陵墓的安全性,正是出于这种考虑,他们才将北方皇家陵墓集中到塔尼斯的阿蒙神神庙附近区域。这一搬迁可以与整个统治阶层在第三中间期的殡葬行为对应。个人与家庭集团越来越多地倾向于安葬在不加标志的坟墓中,他们经常重新使用一些古老的坟墓,这些墓地通常与神庙有关系。与此同时,神殿成了上层阶级雕塑的主要放置地点(假定那里是安全的),而在这时,重要陵墓圣堂的建造几乎完全停止了。上层阶级的纪念碑特别强调祭司族谱,于是,许多宗谱的信息通过在这一时期内记录的家族树得到了保存。

棺材的设计也有了变化,反映了对于尸体和放置尸体的容器的重视,超过了对于作为展示厅的陵墓圣堂的重视程度。由于经济紧缩以及其他一些因素,死者经常被安放在旧的、重新使用的棺材里,人们也经常实施微妙的修改,让这些棺材在仪式上适于新主人使用。棺材的装饰变得更密集了,而木乃伊的制造技术在保存尸体的肉身方面达到了高峰——人们希望死者能够永久存留——盛放木乃伊的系带盒子同样实现了为死者创造持久的保护性外壳的目标，因此在这时变得更受欢迎了。少数物品，包括卡诺匹斯罐、沙伯替和卜塔-索卡尔（Sokar）-奥西里斯神的小雕像等，也变成了标准葬礼的成套用品的一部分。是否有其他这类新王国以及更早时期的舶来品存在，还无法证实。

作为利比亚人后裔的第二十二王朝国王在第三中间期到来，这是发生在这个时期的最重要的政治变动。这些国王的第一位代表人物是谢尔肖克一世（Sheshonq I）；这些国王有能力重新统一埃及，并积极地以第十八与第十九王朝国王的方式对近东地区用兵。从他们在塔尼斯的基地出发，这些利比亚国王能够通过任命底比斯的关键祭司来控制南方，并主导了在卡纳克重新开始的建筑工作。这时，艺术形式上的复古潮流再次出现，特别是对新王国"黄金时代"全盛时期的仿效。在这种尊崇过去的思想影响下，人们甚至重新安葬皇族石棺，将巨大的花岗岩雕花石棺从国王谷中开放且遭到劫掠的皇家陵墓运到了塔尼斯。在内容之丰富方面，某些在塔尼斯的第二十二王朝皇家陵墓中的壮观发现甚至可以与图坦卡门的陵墓媲美。白银在制造棺材和其他物品方面的惊人使用是关于埃及"白银时代"的雄辩证词。但令人遗憾的是，人们是在1939年发现这一点的，这一特定时间意味着该发现的光彩因第二次世界大战而黯然失色。

作为中央政权的利比亚国王权势衰退之际，埃及又一次分裂为更小的自治政治区域，由形形色色的地方统治者把持。在第二十五王朝期间，来自遥远南方的库什（Kush）大军侵入埃及，这就是埃及人当时面对的局势。

对于皇家雕塑的重新使用非常普遍，甚至连卡纳克神庙中一些最令人动容的雕刻作品也包括在内。如下图所示，这是在外层院落中的一个拉美西斯二世巨型立姿塑像，但它后来被第二十一王朝的大祭司国王皮努德恩姆一世（Pinudjem I）和妻子据为己有。

莲花杯

约公元前 840—前 731 年
彩陶·高: 14.5 厘米
来自埃及
柏林埃及博物馆，德国

　　有凹槽的宝蓝色彩陶杯是第三中
间期的典型产品，而且时常被人称为
"圣餐杯"，尽管并没有任何人有意识
地把它与基督教圣餐之间作任何联
系。我们不清楚它们是否有特定的仪
式功能，不过它们有可能曾经作为盛
放饮品的器皿而具有实用意义。这些
杯子上带有精致的凸起浮雕，刻画河
边的景色、神灵或者法老，这是它们
的特色。在这里，神的图案在浮雕中
占据着主导地位，其中包括女神哈索
尔和矮神贝斯。哈索尔与醉酒之间存
在着某种关联，这或许能够解释她在
这样一件器皿上出现的原因；其他神
灵会给饮酒者带来更多一般意义上的
好处。

带有荷鲁斯眼睛的手镯

约公元前 890 年
黄金，天青石，玛瑙和白色彩陶
宽：4.6 厘米，纵深：7 厘米
来自塔尼斯，埃及
开罗埃及博物馆，埃及

尽管人们是在谢尔肖克二世（Sheshonq Ⅱ）的木乃伊上发现这副手镯的，但手镯上的名字是他更著名的前任谢尔肖克一世，因此这可能是家族的一件传家宝。"荷鲁斯的眼睛"图案象征着"完整"或者"完全"。如果和带有方格的篮子上代表"所有"或者"每个"的符号配对，则可以把这些符号解释为祝愿国王"一切完整"。这是对谢尔肖克二世的一个空洞的祝愿，因为塔尼斯的皇家陵墓遭到尼罗河三角洲自然环境的侵袭，让这位国王的木乃伊几乎完全腐烂了。

项链隔环

约公元前 945—前 715 年
彩陶 · 高: 3.3 厘米,长: 5.5 厘米,宽: 0.6 厘米
极有可能来自杜纳格贝尔(Tuna el-Gebel),埃及
伦敦大英博物馆,英国

　　这个隔环带有一个可以穿过绳索以便悬挂的孔,人们可以把它系在靠近其他护身符的项链上。图案展示了一位神祇抓住一个俘虏的场面,他的两侧是代表蒙图神(Montu)的两个形象:蒙图神与战争相关,因此我们能看到他紧握弯刀;和他在一起的还有女身狮首的赛克麦特(Sekhmet,蒙图神左侧)和穆特(Mut,蒙图神右侧)。这样的神话场面一般存在于神殿的墙上。这样的小型网状细工彩陶是第三中间期特别典型的产品,反映了工匠们娴熟的生产工艺。

普苏森尼斯一世（Psusennes I）再次使用的希克索斯王朝斯芬克斯

铭文：约公元前 1039—前 991 年
雕塑：约公元前 1831—前 1786 年
花岗闪长岩·高：1.5 米，长：2.3 米
来自塔尼斯，埃及
开罗埃及博物馆，埃及

第二十一王朝不存在皇家雕塑，这一点十分引人注目。这一方面是出于经济上的考虑，但另一方面也很可能包含对于过去的特殊尊敬（或者是与过去相联系的需要），这两点是推动国王们重新使用过去国王雕塑的原因。第 176 页图中这座威严的雕塑最早大约创造于公元前 1831—前 1786 年，当时的埃及在著名的中王国时期国王阿蒙涅姆赫特三世治下，人们可以通过这座塑像的许多特点验明其身份。人们把这位国王刻画为带有完整狮子鬃毛的斯芬克斯。这座塑像有颇具侵略性的威严外观，这很可能是它在被普苏森尼斯一世征用之前至少被重复使用了三次的原因。

奥索尔孔二世（Osorkon II）的浮雕块

约公元前 874—前 850 年
花岗岩·高：1 米，宽：1.1 米
来自布巴斯提斯，埃及
费城宾夕法尼亚博物馆，美国

皇家"狼神节"或狂欢是欢庆重返青春的庆典，通常在国王执政三十年之际举行。这座雕塑只是一件大得多的纪念碑式通道雕塑的一部分，那座纪念碑上展现着奥索尔孔二世的庆典中的许多片段。因为奥索尔孔二世似乎仅仅在位二十四年，所以这次庆典要么是虚构的，要么就是提前举行了。在这块浮雕上，国王手持传统的国王权杖——曲柄手杖和连枷，身穿一件包裹全身的斗篷，这是整个法老时期的国王在此类仪式上的惯用服饰。旗手与其他仪式人员站在君主前面。

伊乌普特二世（Iuput II）的饰板

约公元前 731—前 720 年
彩陶·高：29.5 厘米，宽：16 厘米
来自埃及
爱丁堡苏格兰国家博物馆，英国（National Museum Scotland, Edinburgh, UK）

　　这块饰板（见第 178 页图）很可能曾经被用作一个木质圣坛的镶嵌物。这个蹲坐着的人物很可能代表一位尼罗河三角洲的国王，即鲜为人知的伊乌普特二世。饰板中的他装扮成儿童神明的样子，赤身裸体，手指放在嘴里，做出一副天真幼童的姿态。他的身姿从一朵莲花中显现，这呼应着神话中的说法，即太阳神出现在创世高地上。国王的头上戴着有条纹的头巾和一顶精致的高顶王冠，王冠由植物的纤维编织而成。他的一只手中握着的连枷是王权的象征。饰板褪色，说明它被火损坏过。

卡诺匹斯罐（Canopic）式小型棺材

约公元前 890 年
白银·高：25 厘米
来自塔尼斯，埃及
开罗埃及博物馆，埃及

　　大部分非皇家的上层人士预先安排他人将自己经过防腐保存的器官直接放入一个盛内脏的卡诺匹斯罐式容器里。然而，至少从图坦卡门开始，国王的尸体内脏会被另行处理，就好像它们是国王的完整木乃伊的小一号版本一样，这些内脏还会被放进单独的小型棺材里。右图中这种微型的类人棺材是四个银箔容器中的一个；在古埃及，银箔是特别贵重的物质，曾被用来制造国王舍松契二世的整口棺材。这里的小型棺材的独特之处在于，它们的上部是佩戴法老头巾的人头，而不是国王棺材上的猎鹰头。

巴萨（Basa）的块状雕像

约公元前 945—前 715 年
石灰岩和颜料·高：41 厘米，宽：23 厘米，纵深：20 厘米
来自丹德拉（Dendera），埃及
芝加哥东方研究所，美国

　　古埃及人非常为他们的遗产骄傲。在第三中间期，记录家族谱系的纪念碑变得尤其重要，或许受到了来自利比亚的埃及统治者开始施行的社会实践的影响。记录家族宗谱不仅是广为人知的埃及传统，还被用于展示祭司的神权并将这一权力合法化，因为神殿职员可以把他们的职位以及随之享有的利益传给家族的下一代。

　　块状雕像（见第 181 页图）表现的是一个身穿斗篷并屈膝，把膝盖提高到下巴高度的男子，这种设计能提供宽阔的平坦空间，用以刻下长篇铭文。巴萨的铭文告诉我们，他是哈索尔的一个祭司，他的祭仪地区以丹德拉为中心，人们就是在丹德拉发现这座雕像的，现在那里还矗立着一座为托勒密（Ptolemaic）建立的神殿。巴萨写下了一份引人注目的宗谱，给出了他的家族中至少二十六代人的信息。他甚至追溯到了他的祖先尼博韦内夫（Nebwenenef），后者是拉美西斯二世统治时期的一位经人充分证实的阿蒙神大祭司，其生活年代远在巴萨出生前好几个世纪。

现在占据丹德拉遗址主导地位的是一座托勒密时代的神殿，但这座建筑物位于其他建筑物之上，后者与哈索尔崇拜有关，年代可以上溯到古王国时期。

帕蒂亚塞特（Padi-aset）的雕像

铭文与浮雕：约公元前 945—前 715 年。雕塑：约公元前 1850—前 1750 年

硬砂岩·高：30.5 厘米，宽：10.2 厘米，纵深：11.5 厘米

来自埃及

巴尔的摩沃尔特斯艺术博物馆，美国

我们不知道最早委托雕琢这座雕像的男子姓甚名谁，但根据他与众不同的衣着，我们知道，他在行使首相（Vizier）这一重要职务。大约一千年后，很可能正是这件著名的长袍吸引了一个名叫帕蒂亚塞特的男子，于是他将这个雕像重新刻画为自己的形象。这件文物具有明显的中王国晚期风格，但这个人名字的组成（帕蒂亚塞特的意思是"伊希斯的礼物"）、文字和图案的安排，尤其是其中神的形象设计，说明这些部分是在第三中间期加上去的。

阿蒙神的小塑像

约公元前 945—前 715 年
黄金·高: 17.5 厘米，宽: 4.7 厘米，纵深: 5.8 厘米
来自埃及
纽约市大都会艺术博物馆，美国

　　对于阿蒙神的崇拜在中王国时期早期
出现在卡纳克，他的地位在那里冉冉升
起，在新王国时期成为国家主神，而到了
第三中间期，人们在北方的塔尼斯为他建
立了另一座主要神殿。这座实心的黄金小
塑像放置于其中一座阿蒙神殿中，或许
是这个神灵的宗教形象（崇拜的焦点）少
有的残存物之一。阿蒙戴着他与众不同
的神冠，手持一柄弯刀，它象征着军事力
量和生命力。小塑像的面部具有典型的第
二十二王朝风格，并反映了第十八王朝模
型的特点。

卡罗麻麻（Karomama）的塑像

约公元前 874—前 850 年
铜合金，白银，黄金和琥珀金
高：59 厘米
来自埃及
巴黎卢浮宫，法国

　　当一座神灵的塑像被带上一条仪式船的时候，它需要一队仪式小雕像随从随侍。这座卡罗麻麻的塑像背后的文字很不寻常地陈述了她作为这条船"船长"的目的。这座塑像曾经安放在卡纳克驻守阿蒙的神座三桅船上。卡罗麻麻的双手放在身前，正在做抖动仪式叉铃（现已缺失）的动作，让它发出嘎嘎的声响。她在神殿仪式中行使神的妻子之职责时就会这样做。这座带有大量镶嵌物的塑像是通过一种精细的蜡模铸造工艺制造的。

赫利舍夫（Herishef）护身符

约公元前 818—前 715 年
黄金·高：6 厘米，宽：0.7 厘米，纵深：1.7 厘米
来自赫拉克雷奥波利斯马格纳（Herakleopolis Magna），埃及
波士顿美术博物馆，美国

　　这个公羊头的赫利舍夫（意思是"那个在他的湖上的人"）在赫拉克雷奥波利斯马格纳有一个祭仪中心。这个小小的铸金护身符是考古学家 W. M. 弗林德斯·皮特里在那里神殿的人行道下面发现的。这件文物如此特殊，所以他没有把它捐赠给某个博物馆，而是拿来出售。护身符上的铭文提到了一个国王的名字：内弗卡拉·佩夫特加巴斯特（Neferkara Peftjawybast）。根据别处的记载，在此后的第二十五王朝，此人曾与努比亚入侵军队合作。这件文物质量上乘，说明护身符的主人应该是一位高层人士，或许是位正在寻求当地神灵保护的王室成员。

平德赫姆一世（Pinudjem I）的沙伯替

约公元前 1070—前 1032 年
彩陶·高: 11.7 厘米，宽: 3.9 厘米
来自德尔巴赫里，底比斯，埃及
伦敦大英博物馆，英国

沙伯替小雕像也进化了。人们最初把它们视为死者的替代物，后来人们认为，当它们的拥有者进入来世之后，一旦神灵下令，沙伯替就要为主人做农活。尽管人们对沙伯替这个术语的来源众说纷纭，但在第二十一王朝，这个词拼成 Ushabti，与意思是"回答"的动词 Wesheb 相关。这些"回答者"被分为三百六十五个木乃伊形状的"工人"，每个"工人"对应一年里的一天，有人为它们提供工具。另外还有三十六个"监工"，第 187 页图中所示的就是这样一个监工。监工们穿着高档衣物，手里拿着的是鞭子而不是农具，负责控制他们手下的十名工人。

平德赫姆一世和他的一家对于过去很感兴趣，并下令将新王国时期的几十位皇家成员重新埋葬在德尔巴赫里的家族陵墓里。很有可能有些祭司参与了运送这些皇家木乃伊，结果他们观察到，在较早的皇家陵墓里，人们使用宝蓝色彩陶做沙伯替这种早已过时了的物品。这些与众不同的"德尔巴赫里蓝沙伯替"可能对应着较早时期的皇家墓葬设施，这种猜测很有意思。

平德赫姆的家族和他的祖先被埋葬在一个很大的石头墓葬里，人们给它的编号是 DB320。这一非凡的发现是人们于 1881 年正式公布的，但很有可能的是，这个陵墓多年前便已经为人所知，而且被逐步搬空了。

墓葬木碑

约公元前 945—前 715 年
木头和颜料·高: 27.5 厘米, 宽: 17 厘米, 纵深: 3.8 厘米
极有可能来自底比斯, 埃及
巴黎卢浮宫, 法国

　　经过装饰的墓葬墙壁在第三中间期是非常罕见的。此时的装饰一般大量用于棺材, 少量用于其他物品, 如颜色鲜艳的木碑。第 189 页图中所示的木碑是最普通的一种, 其中刻画了死者正在敬拜太阳神雷–霍雷科蒂的场景。这件文物属于一个名叫仁佩科马 (Renpetmaa) 的阿蒙神祭司。木碑的质量不是顶级的, 上面刻写的象形文字也非大师手笔, 这座木碑应该是墓葬行业大规模生产的一类物品。这或许是一位学徒工的作品。

木乃伊盒子

约公元前 945—前 715 年
灰泥，亚麻和颜料·高：1.6 米
极有可能来自底比斯，埃及
芝加哥东方研究所，美国

　　与这件文物类似的古埃及木乃伊盒子是用多层亚麻（或者纸莎草）加灰泥做成的，里面是泥土和稻草做成的核。完成之后，人们趁盒子还柔软时把木乃伊放入，然后像穿紧身衣一样在背后系上带子。人们之所以广泛使用木乃伊盒子，一个最重要的考虑是木乃伊的牢固与完整，而非经济因素，因为人们发现这些盒子被放在用更为昂贵的木料制成的外层棺材之内。图中所示的这个内层盒子的主人名叫梅里萨蒙（Meresamun），是在卡纳克"阿蒙神殿内部的一位歌手"。

内德杰米特（Ned-jmet）王后的《亡灵之书》

约公元前 1080—前 1060 年
纸莎草和颜料·长：4.1 米
来自德尔巴赫里，底比斯，埃及
伦敦大英博物馆，英国

《亡灵之书》是人们为埃及人知晓的一批咒语集合所起的现代名称，古埃及人给这些咒语起的名字则更为乐观，叫作《通往光明的来日之书》（*Book of Coming Forth by Day*）。这类咒语书通常带有插图，一般是记录在纸莎草上的。这类文件一方面为前往来世的艰险途径提供了通关文牒和道路指南，同时也是一项成功的保证，因为死者可以利用这些秘密信息知识进入奥西里斯的王国。在这部《亡灵之书》中，内德杰米特王后和她那位由大祭司转型成为国王的丈夫赫里霍尔（Herihor）一起，敬拜正在进行"称量心脏"审判的奥西里斯神。

卡诺匹斯罐模型

约公元前 945—前 715 年
石灰岩·平均高度：24.1 厘米，
平均直径：13.6 厘米
极有可能来自西底比斯，埃及
波士顿美术博物馆，美国

第三中间期发生了有关尸体的观念转变，人们更加看重木乃伊在棺材内的完整，但墓葬普遍遭到暴力盗损，证明了卡诺匹斯罐这类木乃伊的体外装备是何等脆弱。因此，在这一时期，人们把木乃伊化的内部器官重新放回尸体的胸腔，这就使盛装内脏的殡葬容器成为多余。然而，埃及人似乎对取消葬礼装备中的这个核心物品的想法深恶痛绝，因此他们转而把实心的模型（或称"仿制品"）罐子放入其中。这些模型代表着荷鲁斯神的四个儿子：保护神伊姆塞提（Imsety，人类）、凯布山纳夫（Qebehsenuef，猎鹰）、哈比（Hapy，狒狒）和杜夫米特（Duamutef，豺）。尽管它们不具备过去的罐子作为容器的功能，但它们可以保证对于死者的持续保护。这些模型上用黑色颜料写出了每个神明的名字，用刻出来的线指代盖子和罐子通常接口的地方。在拉美西斯二世的殡葬神殿拉美西斯神庙附近的第三中间期大型墓地中，人们出土过许多这类模型罐子文物，第 192 页及本页左下方图中所示的罐子或许就来自这个地方。

在第三中间期，拉美西斯二世的殡葬神殿拉美西斯神庙的周边地区被大量用作神殿司职人员及其家属的墓地。

防腐护身符饰板

约公元前 1069—前 945 年
蜡·长：10.2 厘米，宽：8.2 厘米
来自埃及
伦敦大英博物馆，英国

在第三中间期，墓葬防腐过程中被拿掉的内部器官经常被重新放回胸腔，而不是被放入卡诺匹斯罐中。为了拿走内脏，防腐专家的刀子一般在尸体左侧切开，留下的切口是一个受创点，对于危害尸体的力量抗性较差，所以需要紧密缝合，或者用图中所示的这类护身符饰板遮盖。在神话中，荷鲁斯神的眼睛曾被他邪恶的叔叔塞斯所伤，但却被母亲伊希斯治愈。图中这只维阿杰特（意为"复原"或者"完整"）女神的眼睛是代表再生与治愈的强大符号。

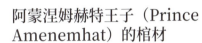

阿蒙涅姆赫特王子（Prince Amenemhat）的棺材

约公元前 1150—前 945 年
木头和颜料·高: 35.1 厘米，长: 1 米，宽: 30.6 厘米
来自西底比斯，埃及
纽约市大都会艺术博物馆，美国

　　在古埃及，再次使用已经用过的棺材是十分普遍的现象，特别是在第二十一王朝期间，这也是现在埃及古物学家详细研究的一大主题。第三中间期早期，埃及经济状况不佳以及墓葬习惯的改变，逐步造成了殡葬物品供应的紧张以及盗墓现象的普遍。这个儿童尺寸的棺材的年代为新王国时期末期，人们去除了棺盖上的一些象形文字，并以一位王室王子阿蒙涅姆赫特的名字取代。我们无法确定他父母的情况，也不知道这口棺材的原主人的身份。

国际时代的埃及

托勒密王朝继续建设了最后一批埃及本土统治者——第三十王朝的许多纪念碑项目。第 196 页展示的这个斯芬克斯像坐落于托勒密王朝的首都亚历山大港（该首都面朝希腊），雕像以大量的埃及本土风格展现了皇家仪容。

古代库什的中心在尼罗河的第四条大瀑布之滨，即今天的苏丹所在地。这个地区曾在几百年间遭受埃及人系统性的压迫。埃及在第三中间期分崩离析之际，库什国家崛起了。一位名叫皮安基（Piankhi）的统治者率领一支军队北上，为了在古代世界中生存下来而进行了一次军事远征，他的胜利石碑上的记载是有关这次远征最为详细的叙述之一。从某种意义上说，这是一次圣战，因为库什人特别尊崇阿蒙神，而且他们的表现比埃及人更埃及化。来自埃及南部的证据能够最清楚地说明库什第二十五王朝的行为，毫不令人吃惊的是，这些证据专注于卡纳克，他们的保护神明阿蒙的故乡。

库什人的到来是埃及被外国人长期统治的预演，在随后一千年的大多数时间里，埃及先后受到努比亚人、亚述人（Assyrians）、波斯人（Persians）、希腊人和罗马人的统治。这些异族文化带来了新的影响，直到今天，埃及保留下来的证据仍然能够经常反映出令人震撼的多元文化性质。例如，库什统治者们将埃及王权的传统形式与创新了的王权形式结合，将自己表现为合法的法老：这是一种宣传手法，它在今后几百年间被不同的入侵者沿用。

库什人在埃及的统治几乎延续了一个世纪，最后被亚述皇帝的地缘政治部署终止。这位帝王驱逐了第二十五王朝，用一个以尼罗河三角洲城市塞斯（Sais）为基地的埃及属国取而代之。塞斯属国很快便挣脱了亚述统治的枷锁，并在国王萨姆特克一世（King Psamtek I）的领导下重建了一个统一的埃及王国。埃及现在拥有可调用的希腊雇佣军，并发展出足以与东地中海沿海地区列强媲美的海军力量，因此深以自己令人敬畏的武装力量为傲。

在文字、艺术和建筑学方面，第二十五与第二十六王朝以超过其他任何时期的规模，有意回归已十分古老的古代典范。大批非皇家神庙纪念碑保存了下来，尤其是塑像，立碑的目的是宣扬纪念碑捐赠者所信仰的永恒神祇。统治阶级的最高层成员可以委托修建他们自己的多座塑像，以及在西底比斯和孟斐斯大墓场中令人印象深刻的纪念碑式陵墓。这些建筑中有许多提供了长篇铭文，我们可以从中瞥见许多历史事件的信息。

托勒密王朝时期见证了丰富的文化元素的相互融合。这一点最清晰地表现在埃及中部地区杜纳格贝尔贵族佩托西里斯（Petosiris）的陵墓上。他的陵墓圣堂具有小型埃及神殿的外观，但内部是希腊和埃及风格的折中。

亚历山大大帝将自己装扮成将埃及从波斯暴政下解放出来的救星。这幅镶嵌拼图的创作年代为亚历山大去世大约两百年后,位于庞培(Pompeii)的农牧神之家(House of the Faun)的地板上,现存于意大利那不勒斯考古博物馆(Naples Archaeological Museum in Italy)。

冈比西斯(Cambyses, 古波斯帝国国王, 卒于公元前522年——译者注)于公元前525年入侵埃及, 这次入侵的影响反映在了埃及王国墓葬图腾那具有波斯特点的外观上。历史学家曼涅托(Manetho)认为, 波斯人的统治具有相对鲜明的独立性, 使得埃及的最后一代本土者王朝(第三十王朝)到内克塔内布二世(Nectanebo II)时画上了休止符, 而他本人也成了延续两千多年的埃及人统治者群体中的末代君主。第三十王朝重返当年塞伊斯时期(Saite period)的旧路, 修建了一些在今后几十年中持续建设的重大建筑。在波斯帝国的又一次野蛮入侵之后, 马其顿(Macedonian)的亚历山大大帝大张旗鼓地"解放"了埃及。他的后任是一个叫作托勒密王朝的国王家族, 他们的生活方式基本上是希腊的, 而且在亚历山大港建立了一座新的海滨首都。此外, 整个国家无数神殿中浮雕的风格都在清楚地显示, 他们正在放弃法老的传统功能。最后一位托勒密王朝国王实际上是一位妇女, 她就是克娄巴特拉七世(Cleopatra VII, 就是人们通常说的"埃及艳后"——译者注), 她说埃及语。而当她于公元前30年去世后, 埃及被纳入罗马帝国版图。

在整个古埃及晚期, 人们仍然对墓葬行业有着重大需求, 而且, 公正地说, 保留下来的法老时代墓葬证据主要来自公元前最后几世纪。我们很难弄清, 这一点究竟说明有更大比例的社会人士从这一行业中得益, 还是说这一时期的文物更容易保存。尽管墓地似乎越来越公共化, 但为来世做准备这一复杂精细的工作仍然专属于最富裕的少数人。随着时间的推移, 传统的墓葬物品, 如殡葬罐和沙伯替等, 逐渐变得不那么时兴了。在公元前的最后几个世纪内, 一个制作木乃伊动物的庞大行业席卷了这个国家, 吸引了外国的进香者前来购买, 并把这些木乃伊当作敬献给神明的礼品。这一行业专注于传统的神圣法老动物形式, 这或许代表了外国统治的表面下涌动的民族主义浪潮。

图章戒指

约公元前 664—前 525 年
黄金·直径：3 厘米
宝石座长：3.4 厘米
来自埃及
伦敦大英博物馆，英国

　　这枚刻有铭文的戒指指明了其主人的名字和头衔，人们可以将其正面压进陶土，来为文件或者其他商品盖章。这个戒指属于一个名叫舍松契（Sheshonq）的男子，其名起源于利比亚，此人拥有"阿多拉特赖斯（Adoratrice）神的首席管家"的头衔。他很可能也在底比斯的阿萨希夫（Assasif）地区拥有一座令人印象深刻的陵墓。这位首席管家是一位官员，负责监督一份相当庞大的财产，管理阿多拉特赖斯神（"神的妻子"）的土地和财产，在当时是一位重要的宗教界人士。

亚述头盔

约公元前 690—前 664 年
铜合金·高: 21 厘米
来自底比斯, 埃及
曼彻斯特博物馆, 英国

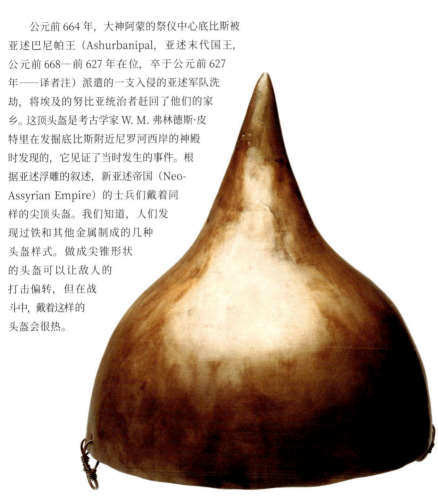

  公元前 664 年, 大神阿蒙的祭仪中心底比斯被
亚述巴尼帕王 (Ashurbanipal, 亚述末代国王,
公元前 668—前 627 年在位, 卒于公元前 627
年——译者注) 派遣的一支入侵的亚述军队洗
劫, 将埃及的努比亚统治者赶回了他们的家
乡。这顶头盔是考古学家 W. M. 弗林德斯·皮
特里在发掘底比斯附近尼罗河西岸的神殿
时发现的, 它见证了当时发生的事件。根
据亚述浮雕的叙述, 新亚述帝国 (Neo-
Assyrian Empire) 的士兵们戴着同
样的尖顶头盔。我们知道, 人们发
现过铁和其他金属制成的几种
头盔样式。做成尖锥形状
的头盔可以让敌人的
打击偏转, 但在战
斗中, 戴着这样的
头盔会很热。

公羊头护身符

约公元前 750—前 664 年
黄金·高: 4.2 厘米, 宽: 3.6 厘米, 纵深: 2 厘米
极有可能来自苏丹
纽约市大都会艺术博物馆, 美国

　　阿蒙神经常采用一种公羊形式的装扮, 第二十五王朝的努比亚法老特别尊崇这种形式。在这种背景下, 新王国时期的法老阿蒙霍特普三世与拉美西斯二世本人便曾在他们的努比亚神殿中用公羊角装扮自己, 以此表示他们的神圣性得到了增强。公羊的角或许是从更早些的思想观念中借用过来的。努比亚国王们把具有公羊头形状的珠宝悬挂在脖子周围, 以此表现自己。左图中所示文物或许正是这种皇家珠宝的罕见残存物。

经过重新雕琢的皇家头像

约公元前 716—前 702 年
花岗岩·高: 97 厘米
来自卡纳克, 埃及
开罗埃及博物馆, 埃及

　　在代表第二十五王朝努比亚国王的物品中, 法老的形象几乎总是被表现为前额有两条眼镜蛇蛇神标志 ("Uraeus", 不是单一蛇的蛇神标志) 的人物。这种经过创新的符号或许反映了努比亚人的认知, 即认为他们自己是两国之主, 这里不仅仅指的是上、下埃及之主, 还指埃及和努比亚之主。第 203 页图中所示的花岗岩头像最初很可能是为一位新王国时期的统治者 (约公元前 1250—前 1150 年) 雕琢的, 但原有的一条蛇的蛇神标志已经被改造成分裂的两条蛇, 以此恰当地描绘来自努比亚的长老沙巴卡 (Shabaka) 的身份。他的名字被雕琢在了石柱上。

罗塞塔石碑

公元前 196 年
花岗闪长岩·高: 1.1 米，宽: 75.7 厘米，纵深: 28.4 厘米
来自拉希德（El-Rashid），埃及
伦敦大英博物馆，英国

　　罗塞塔石碑是世界上最为标志性的博物馆文物之一。它记述了由祭司会议通过的一项命令，确认了十三岁的托勒密五世（Ptolemy Ⅴ）加冕一周年时将要举行的皇家祭仪。这块石碑的重要性在于：它用三种不同的铭文镌刻了相同的字句，它们是象形文字、埃及世俗体文字和希腊文。由于 19 世纪初的学者通晓希腊文，这面石碑便为破解未知的埃及文字提供了钥匙。正是以罗塞塔石碑为基础，法国人让–弗朗索瓦·商博良（Jean-François Champollion）在埃及文字的破解过程中取得了关键成果。

克娄巴特拉七世的塑像

约公元前 51—前 30 年

黑色玄武岩·高：1 米

来自埃及

圣彼得堡国家修道院博物馆，俄罗斯（State Hermitage Museum, St Petersburg, Russia）

事实上，著名的克娄巴特拉是托勒密王朝中至少七位同名女性中的最后一位。塑像是埃及女王典型的正面像，但却具有与众不同的托勒密式玲珑曲线。她的手中握有象征着埃及与希腊的两种符号："Ankh"即象征着生命的象形文字，它通常与法老的神性结合；以及两只丰饶羊角，它与希腊统治者祭仪上崇拜的女王相关，反映了克娄巴特拉四海一家的主张。尽管这个塑像上没有铭文，但在她额头上的三条眼镜蛇（蛇神标志）说明，这座塑像刻画的确实是克娄巴特拉七世。

托勒密八世（Ptolemy Ⅷ）的头部塑像

约公元前 170—前 116 年

闪长岩·高: 47 厘米

来自埃及

布鲁塞尔五十周年纪念公园博物馆, 比利时（Cinquantenaire Museum, Brussels, Belgium）

　　亚历山大大帝的埃及王位继承人是马其顿的一个叫作托勒密的国王家族, 他们一直在努力彰显自己作为埃及王权合法法老的姿态。传统的双王冠很少作为托勒密统治者雕塑上唯一的皇家头饰出现, 但图中所示的文物是一个例外。尽管这位国王的身份并没有用铭文明白无误地显示出来, 但许多学者指出: 正面的脸、睁圆的眼睛和噘起的嘴巴、丘比特弓形的嘴唇, 这些都是属于托勒密八世, 即人称"胖子"的费斯康的特征。这座真人大小的雕塑受到了希腊与埃及时尚的影响。

奥西里斯的小雕像

约公元前 750—前 300 年
木头，黄金和铜合金·高: 57.2 厘米
来自埃及
洛杉矶县立艺术博物馆，美国（Los Angeles County Museum of Art, USA）

奥西里斯是古埃及诸神中最早存在的神明之一，很可能也是出现时间最久的神明之一。他与死亡、再生和生育有关，这保证了他在整个法老时代以及此后的突出地位。奥西里斯神话的核心与他的溺水而死以及随即被嫉妒他的兄弟塞斯肢解有关。通过他的妻子伊希斯的魔法帮助，奥西里斯复活了。这一过程成了木乃伊仪式的神话起源。在描绘奥西里斯时，人们几乎总是把他用亚麻布紧紧包裹起来。他象征着地下世界的神权。

作为一个重生的神，奥西里斯是死者复生的保证。到了公元前 1000 年，奥西里斯已经变成了在世者最愿意接近的神祇之一，人们经常用雕塑表现他，从最简陋的青铜小雕像，到令人动容的镀金像。第 208 页图中所示的文物就是后者的一个例子。这座小雕像最初带有镶嵌物装饰，创作者还给了它皇家的权杖（现在已经不见了）。它很可能作为一份献给神灵的虔诚贡品而被人捐赠给了一座神殿。捐赠者的具体情况应该铭刻在底座上，但底座现在丢失了。不能排除的是，这个雕像可能是仪式活动中一座神殿圣坛上的集中崇拜物，但可能性不是很大。

作为古埃及最常出现的神祇之一，奥西里斯通常作为死后生命的关键保证者出现在葬丧仪式之中。人们经常把他表现为有绿色皮肤的神祇，这是再生的一个标志。

浮雕碎块

公元前 747—前 690 年
砂岩与颜料·高: 49 厘米, 长: 63.4 厘米,
厚: 18.5 厘米
来自西底比斯, 埃及
芝加哥东方研究所, 美国

　　从本质上说, 第二十五与第二十六王
朝期间的底比斯是由一位女性统治的: 阿
蒙神的妻子, 也就是阿多拉特赖斯神。她
在埃及扮演着仅次于法老的重要宗教角
色, 她甚至让阿蒙神的男性大祭司的重要
性相形见绌。她有自己的土地, 由一批官
员管理。她也是仪式中一批女性歌手的首
领。在这里出现了一位名叫迪赛尔布希德
(Diesehebsed) 的女子, 她陪伴着神的
妻子阿蒙尼尔迪斯 (Amenirdis), 这说明
了她的重要性。迪赛尔布希德来自底比斯
最重要的家族之一, 在她生活的那个年代,
妇女在宗教生活中享有极为重要的地位。

沙巴卡石碑

约公元前 716—前 702 年
玄武石·高：66 厘米，宽：1.3 米
来自孟斐斯，埃及
伦敦大英博物馆，英国

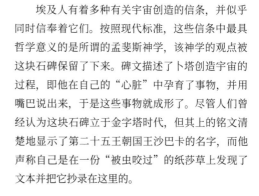

埃及人有着多种有关宇宙创造的信条，并似乎同时信奉着它们。按照现代标准，这些信条中最具哲学意义的是所谓的孟斐斯神学，该神学的观点被这块石碑保留了下来。碑文描述了卜塔创造宇宙的过程，即他在自己的"心脏"中孕育了事物，并用嘴巴说出来，于是这些事物就成形了。尽管人们曾经认为这块石碑立于金字塔时代，但其上的铭文清楚地显示了第二十五王朝国王沙巴卡的名字，而他声称自己是在一份"被虫咬过"的纸莎草上发现了文本并把它抄录在这里的。

伊姆霍特普的小雕像

约公元前 750—前 525 年
铜合金，黄金与白银·高: 17.6 厘米
来自埃及
布达佩斯美术博物馆，匈牙利（Museum of Fine Arts,
Budapest, Hungary）

　　尽管"伊姆霍特普"这个名字在现代好莱坞电
影中具有令人心神不宁的含义，但历史上的伊姆
霍特普是在死后得到了神祇地位的少数凡人之
一。他的名声主要得益于他和阶梯金字塔的
建筑者左塞尔王的关系。他为左塞尔王服
务，担任祭司、天文学家和工匠总监。他
后来被奉为圣人，而且是书吏的保护人。
到了古埃及晚期，人们尊崇他为治疗大师、
卜塔神之子，人们经常以图中这件文物的表
现方式展示他的形象:头戴无檐便帽，持坐姿，
膝上放着一份纸莎草卷轴。

奥西里斯砖

约公元前 750—前 300 年
陶·长：22.5 厘米，宽：13.5 厘米
来自西底比斯，埃及
斯德哥尔摩地中海博物馆，瑞
典（Mediterranean Museum,
Stockholm, Sweden）

古埃及的日历与季节的演变规律密切相关。在公元前 1000 年内，奥西里斯神的意义不再拘泥于来世，而是包含了繁殖力和再生。在这种情况下，他与尼罗河每年的泛滥产生了关联。在一年一度的赫亚克节（festival of Khoiak）庆祝活动上，人们把奥西里斯的身形印在图示的这种烧制的陶砖上，填上泥土，种上种子之后用亚麻布包裹起来。这种仪式活动的核心区域似乎是尼罗河西岸底比斯的迈蒂涅特哈布（Medinet Habu）地区。

蒙图耶哈特（Mon-tuemhat）的乞讨塑像

约公元前 680—前 630 年
花岗岩·高：50 厘米
来自卡纳克，底比斯，埃及
开罗埃及博物馆，埃及

蒙图耶哈特是底比斯的市长，具有为自己制作许多雕像的权力和财力，已知的雕像便多于十二个。第一眼看上去，这座雕像（见第 215 页图）或许不很吸引人，但这是一种特殊的新王国时期风格，用秃头和托着腮帮的手（未能在图中的文物上保存至今）代表个体。这些所谓的"乞讨"塑像是将死者与女神哈索尔关联起来的一种方式。塑像上的铭文声称，这个看上去十分卑微的塑像拥有者能够把进香者的纸莎草传递给女神。作为回报，过路者会为这座塑像献上一份"饮料"供他解渴。

豺的木乃伊

约公元前 750—前 300 年
亚麻布和动物遗骸·高: 34 厘米, 宽: 10 厘米
极有可能来自塞加拉, 埃及
达勒姆东方博物馆, 英国

　　豺是神圣的, 因为掌管木乃伊制造的阿努比斯神就是一尊豺头人身的神祇。这个诱人的豺木乃伊应该是敬献给这尊神祇的恰当礼物, 虽然其外表与内部不符。这个木乃伊的头主要由亚麻布做成, 而"身体"则是用破碎的骨头做成的, 它们可能来自犬科动物, 但或许也有人骨头。大约三分之一的动物木乃伊是用完整的动物制作的, 还有三分之一是用一只动物的一部分制作的, 最后三分之一完全不包括任何动物成分。虽然一些极为精致的木乃伊中含有的动物成分极少, 但或许敬献礼物的心意便足以让神祇满意了。

迪埃塞蒂姆（Tjaisetimu）
的塑像

约公元前 664—前 525 年
石灰岩·高：1.2 米，宽：33.5 厘米
极有可能来自吉萨，埃及
伦敦大英博物馆，英国

　　第二十六王朝时期的艺术和文化物品通常以模仿前人作品著称。这座塑像的引人注目之处在于，无论从选材、姿势，还是从其假发来说，它都与古王国时期的类似文物非常相像。基座上的铭文将这座塑像描述为一件"类似物品"，其中意思很可能是：塑像的创造者模仿的是更为古老的塑像，而不是这座塑像代表的某个人。塑像的拥有者迪埃塞蒂姆是一位祭司，他负责主持皇家塑像的祭仪。这意味着，他知晓类似的神殿塑像的传统形式所应具备的仪式要求。

豺面具

约前 750—前 300 年
亚麻布，灰泥和颜料·高：24 厘米，宽：25 厘米，纵深：36 厘米
来自埃及
哈罗盖特皇家泵房博物馆，英国（Royal Pump House Museum, Harrogate，UK）

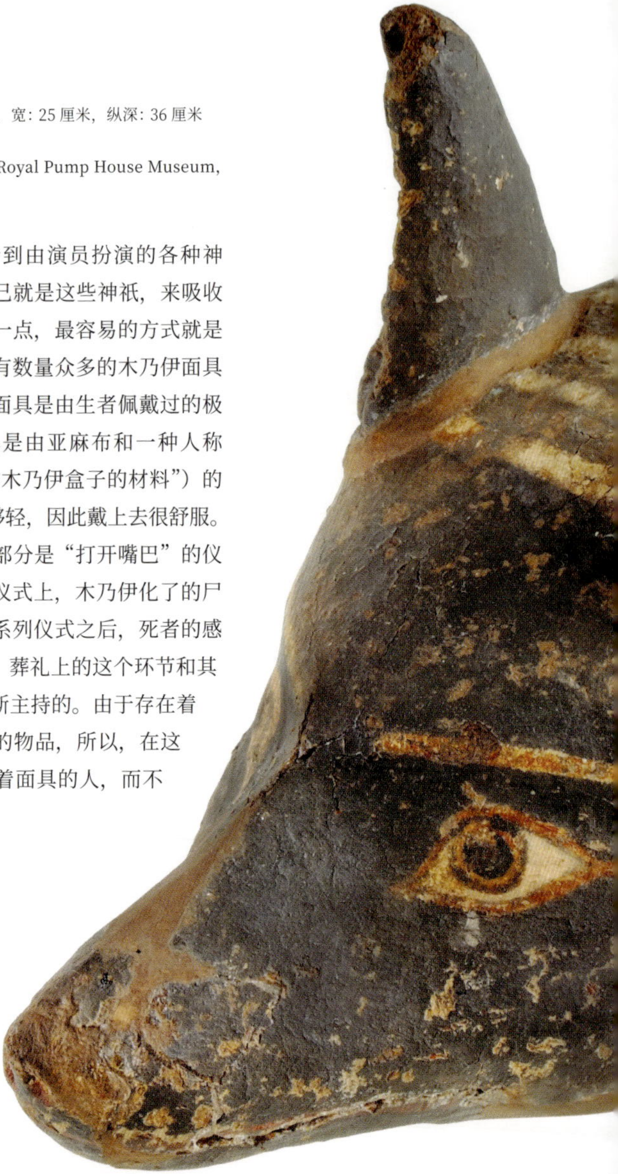

　　古埃及仪式经常牵涉到由演员扮演的各种神祇。仪式专家通过声称自己就是这些神祇，来吸收他们的力量，而要做到这一点，最容易的方式就是戴上一副面具。尽管现在有数量众多的木乃伊面具存世，但图中所示的这副面具是由生者佩戴过的极少数实物之一。这副面具是由亚麻布和一种人称 Cartonnage（意为"制作木乃伊盒子的材料"）的灰泥制造的，它的重量足够轻，因此戴上去很舒服。

　　葬礼仪式的一个关键部分是"打开嘴巴"的仪式（见第 69 页），在这个仪式上，木乃伊化了的尸体竖直站立。在实施了一系列仪式之后，死者的感官神奇地恢复了。据描述，葬礼上的这个环节和其他环节都是由豺神阿努比斯主持的。由于存在着像这件文物这样覆盖头部的物品，所以，在这些仪式场面中现身的是戴着面具的人，而不是抽象的虚构神灵。

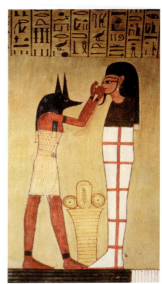

阿努比斯神能够在制造木乃伊的过程和葬礼中起到重要作用，因为他是死者得以安全越过险途抵达来世的保证人。有了这些面具，人类便可以在这样的仪式中拥有阿努比斯神的神祇身份。

朱鹭鸟棺材

约公元前 664—前 30 年
木头，黄金，玻璃和铜合金·
高: 31.8 厘米，长: 47 厘米
来自埃及
苏格兰格拉斯哥伯勒尔收藏，英国

朱鹭鸟几乎是专属于智慧与写作之神透特 (Thoth) 的神圣动物。它弯曲的长嘴或许像一轮新月，而当人们在河边观察时，它或许像书吏手中正在蘸墨的笔。这个小雕像既是这种神圣鸟类的一个塑像，也是一口棺材，因为通过 X 射线成像观察，雕像内包括一个封闭的小室，人们曾经打算用它盛放一些木乃伊化的物质。正因为如此，这个塑像所起的作用与其他木乃伊化的动物一样，也是为了取悦神灵而敬献给他们的礼物，特别是透特神。

阿皮斯神牛石碑

公元前 547 年

石灰岩·高：1.1 米，宽：63.5 厘米，
厚：35 厘米

来自塞加拉，埃及

巴黎卢浮宫，法国

这篇墓志铭是为神圣的阿皮斯公牛而作，人们相信阿皮斯神牛是孟斐斯神卜塔的化身。我们可以看到石碑上跪在神牛前的法老，这是皇家神祇向活神演化的一个迹象。在临死时，每头神牛都会根据小牛身上的印记来选择下一头神牛。这里铭文的年代是亚马西士（Amasis）王统治的第二十三年，上面记录了这头神牛的死亡、木乃伊化和安葬。神牛出生与死亡的准确日期为及时找到下一头神牛提供了关键的数据参考。

虔诚雕刻家的模型

约公元前 400—前 200 年
石灰岩·高:15.3 厘米, 宽:17.2 厘米,
纵深: 2 厘米
极有可能来自法尤姆 (Faiyum), 埃及
纽约市大都会艺术博物馆, 美国

有一批似乎是对浮雕或者塑像进行研究的实验性质的物品, 埃及古物学家对于它们的作用感到困惑不解。尽管这些物品本身已是成品, 但它们中的许多在设计上并未彻底完成。这些保留下来的物品中, 来自古埃及晚期的"实验作品"在数量上远远超过来自更早时代的。对它们最为可信的解释是: 这些物品是人们的虔诚供奉, 或许与对神殿的进贡有关。图中显示的这个男性人物梳着的发辫搭在一侧脸上, 颅盖上有眼镜蛇蛇神标志。极有可能的是, 这件雕塑代表着一位童神, 可能是哈伯克拉特斯 (Harpocrates) 或者伊希 (Ihy)。

鳄鱼木乃伊

约公元前 650—前 550 年
动物遗骸和树脂
长：3.8 米
来自考姆翁布（Kom Ombo），埃及
伦敦大英博物馆，英国

神灵可以化身为地球上的生物。这只爬行动物体形巨大，说明它活了很长时间，而不是在年幼时就被人作为进香者的虔诚礼物献给神灵的。因此，这可能是祭仪动物作为索贝克神（god Sobek）的化身而受到尊崇的一个罕见例子。尽管它的一些内部器官已经在木乃伊化时被拿掉了，但 CT 扫描显示，其胃部的残存物包括一头母牛的肩膀和前臂骨，这说明这位地球上的神灵拥有相当丰富的伙食。这个被树脂覆盖着的木乃伊的背上还粘着二十五个木乃伊化了的鳄鱼幼崽。

治愈师塑像

约公元前 400—前 300 年
硬砂岩 · 高: 67.7 厘米
来自埃及
巴黎卢浮宫, 法国

　　这是巴斯泰（Bastet）的一位治愈师的塑像, 矗立在一座神殿中。塑像展现的男子手拿一块所谓的"荷鲁斯纪念石碑", 上面描绘着天真童神荷鲁斯践踏危险野兽的情景, 这表明荷鲁斯战胜了这些野兽。这座塑像的表面几乎完全被魔法文字覆盖, 其中包括治愈蛇咬和蝎子叮蜇的咒语。这件塑像的功能非常明显: 浇在它上面的水将神奇地吸收象形文字上带着的治愈之力。人们可以把水收集在一个水盆里, 然后饮用或者用来治疗身体伤痛。

带有铭文的饰板

约公元前 100 年
砂泥岩·高: 18.5 厘米, 宽: 9.5 厘米
来自麦罗埃 (Meroë), 苏丹
巴尔的摩沃尔特斯艺术博物馆, 美国

麦罗埃是埃及以南的库什王国的首都, 由英国考古学家约翰·加斯唐 (John Garstang) 于 1909—1914 年发掘。这块饰板就是在那里被发现的, 很可能是一块石碑的一部分。在饰板的一面 (左下图) 描绘着丹依达马尼王 (King Tanyidamani, 约公元前 110—前 90 年); 饰板反面 (右下图) 刻画的是狮首神阿佩德马克 (Apedemak), 努比亚神灵群体中最重要的神祇, 这块饰板就是在他的神殿中找到的。国王戴着的王冠是法老精致的汉姆汉姆 (Hemhem) 王冠的变种, 耳环则具有与众不同的库什风格, 带有太阳圆盘和公羊头, 他还穿着带有图案的长袍。铭文是用手写体的麦罗埃文字书写的, 其内容迄今尚未得到破解。

猫的木乃伊

约公元前 300—前 100 年
亚麻布和动物遗骸·高（左）：43 厘米，（右）：37.5 厘米；宽（左）：9.5 厘米，
（右）：8 厘米
来自埃及
利物浦世界博物馆，英国

　　古埃及有尊崇猫的悠久习俗。根据古希腊历史学家希罗
多德的叙述，为了哀悼一只死去的猫，埃及人会剃去自己的
眉毛。结果这便引发了一个错误观念，即埃及人崇拜他们的"宠
物"猫。实际上，真相比人们的预想无情得多。人们曾在埃
及的几个考古地点发现了几千个猫的木乃伊。许多经科学成
像法研究过的木乃伊表明，在壳层内包裹着的是幼猫，这说
明存在着一个以杀猫为基础的一般产业。这种屠杀行为的目
的，是为进香者提供需要购买的进献给巴斯泰女神祭仪的供
品。第 228 页图所示的这种高大的柱状木乃伊也许适于堆放
起来保存或者出售。神殿职员们最终会收集这些木乃伊，并
把它们埋在地下的墓穴里。

　　1890 年，人们在便尼哈珊的地下墓穴中不可思议地发现
了十八万个猫的木乃伊，它们被运往英国，先是作为船只的
压舱物，随后在利物浦的码头边被作为肥料拍卖。如《笨拙》
（Punch）这类杂志就讽刺过使用"埃及'肥料'"的这种行为，
不过，后来包括第 228 页图中这两件文物在内的几件样品被
博物馆收藏，结果成了受人欢迎的展品。

今天，便尼哈珊的考古地点
以其令人印象深刻的中王国
时期石质陵墓闻名于世。这
里也是装满了数以千计的猫
木乃伊的地下墓穴的所在
地，这些墓穴很有可能像塞
加拉一样，部分利用了过去
的坟墓结构。

秃顶男子的头像

约公元前 380—前 332 年
硬砂岩·高: 10.5 厘米, 宽: 8.5 厘米, 纵深: 11.3 厘米
极有可能来自塞加拉, 埃及
波士顿美术博物馆, 美国

  尽管这件文物作为工艺品具有现代美学般的魅力, 但这个头像是否描绘的是真人还不确定。它在当今考古界闻名主要源于头与身体的脱离, 因为那具身体很可能非常普通, 而栩栩如生的面部吸引了神殿来访者的注意。这件文物时常被人称为"波士顿绿色头颅", 是少数具有特别惊人艺术品质的晚期"肖像"文物之一。这个头像很可能是从塞加拉的法国考古队挖掘现场得到的, 并曾经是拿破仑·波拿巴和收藏家爱德华·佩里·沃伦 (Edward Perry Warren) 的藏品。

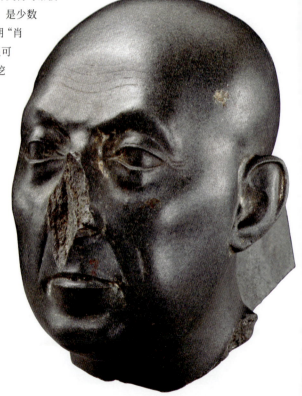

哈波克拉特斯（Harpocrates）的小雕像

约公元前 150 年
赤土陶器和颜料·高: 14 厘米
来自埃及
布达佩斯美术博物馆，匈牙利

在托勒密王朝和罗马统治时期，荷鲁斯童神演变成了受人欢迎的哈波克拉特斯。他是一个把一根手指放到嘴里的男孩，这个动作是法老艺术中幼儿的象征，人们可以以此判断他的身份。他在胳膊上挽着一个丰饶之角，代表着"大量的丰收产品"。埃及象征手法最明显的残存痕迹是双王冠，在法老时代的图像中，它在传统上是由荷鲁斯戴着的，现在它戴在哈波克拉特斯的头上。有大量来自埃及的这种中空的赤土陶器存世，它们或许是作为虔诚的进献物留在了神殿里或者展示在家庭圣坛上。

黄道带天花板

约公元前 100 年
砂岩·长: 2.5 米，宽: 2.5 米
来自丹德拉，埃及
巴黎卢浮宫，法国

　　第 232 页图中所示就是所谓的丹德拉黄道带，在位于丹德拉的哈索尔神殿的屋顶上有奥西里斯的一座小圣堂，这个黄道带过去便是这个圣堂天花板的一部分。它代表着一个圆形天空，由四名女子在猎鹰头精灵的帮助下支撑着。三十六个精灵（每个为三分之一个"黄道座"，代表十度天空）围绕着圆周，象征着埃及年中的三百六十天。这些星座上带有黄道带的标志，基本上代表着与今天的它们一致的位置。例如，我们可以很容易地认出白羊座、金牛座、天蝎座和摩羯座，而其他的星座则使用法老的图案，例如，水瓶座以尼罗河洪水之神哈比（Hapy）为代表，他正在用两个水瓶倒水。

放在头部以下的护身符（Hypoc-ephalus）

公元前 664—前 525 年
亚麻布和灰泥，铭文上用墨上了色
直径：20 厘米
极有可能来自西底比斯，埃及
牛津阿什莫林博物馆，英国

头部之下护身符（Hypocephalus，文字直译为"在头部下面"）是一种护身符装置，放置于木乃伊的头部之下。圆盘形状的头部之下护身符最早在第二十六王朝被制作出来，此后几个世纪屡有发现。这些圆盘上通常刻着的铭文是《亡灵之书》的第一百六十二章，其目的是"温暖"死者的头部，这样死者就可以与太阳神相似。太阳神在这里表现为一个有着四个公羊头的存在，圆形同样能为死者提供保护。第 234 页图中的这件物品是为一个名叫塔舍特恩科萨（Tasheritenkhonsu）的女子制造的。

墓葬圆锥

约公元前 680—前 630 年
陶·长：17.8 厘米，直径：8.1 厘米
来自西底比斯，埃及
洛杉矶县立艺术博物馆，美国

在新王国时期的底比斯，人们普遍在上层人士墓葬圣堂的入口上方放置一系列底面为圆形的陶土锥体，每个上面都印有墓葬主人的名字和头衔。这种做法在新王国时期晚期不再流行，但大约在蒙图耶哈特所处的时代重新出现。蒙图耶哈特是一位重要人物，亚述人称之为"底比斯王者"，但似乎他本人最引以为傲的是一个相当谦虚的祭司头衔"阿蒙神的第四位先知"，这个头衔出现在他的大多数纪念碑，包括他的墓葬圆锥上。

塔哈尔卡（Taharqa）的沙伯替

约公元前 690—前 664 年
蛇纹岩·高: 34.2 厘米, 宽: 12.5 厘米
来自努里（Ruri），苏丹
波士顿美术博物馆，美国

　　由第二十六王朝的国王们重新引进的传统之一，是在墓葬中放入大型石头沙伯替，底比斯的富裕官员们也采取了同样的做法。图中所示是大约一千个沙伯替雕像中的一个。这些产品似乎可分为批量生产的四套，每套所用材料各不相同，或许来自不同的工坊。许多沙伯替的脚上带有符号，很可能用来说明放置它们时应该采取的方位。这些沙伯替是在国王的金字塔内的石棺周围发现的。大部分库什国王的代表物中有双蛇蛇神标志，但在塔哈尔卡的沙伯替上只有单蛇蛇神标志。

帕巴萨（Pabasa）的石棺

约公元前 664—前 525 年
花岗岩·高：1.2 米，宽：75 厘米，
长：2.4 米
来自西底比斯，埃及
格拉斯哥凯文格拉夫艺术画廊与
博物馆，英国（Kelvingrove Art
Gallery and Museum, Glasgow,
Scotland, UK）

"石棺"（Sarcophagus）这个词源于希腊语，意思是"食肉者"，但这些石质容器是为了保护尸体而不是真的去吃掉它们。这件文物的风格借鉴了新王国时期的上层人士石棺，而且很可能是对旧有物品的重新使用。帕巴萨是阿蒙神妻子的首席管家，而在一批属于他的同事和同代人的大型墓葬中，他的石棺是保存得最好的一副。哈密尔顿公爵亚历山大（Alexander, Duke of Hamilton）将两副石棺从埃及带到了苏格兰，其中之一就是帕巴萨的石棺，而公爵本人最终安葬在另外一副石棺中。

哈普曼（Hap-men）的石棺

约公元前 664—前 525 年
花岗岩·高: 1.2 米, 宽: 1.4 米,
长: 2.7 米
来自开罗伊本图伦清真寺（Ibn
Tulun Mosque），埃及
伦敦大英博物馆, 英国

这个庞大的石头容器是典型的古埃及晚期石棺，它最后恰如其分地变成了伊本图伦清真寺的仪式性洗澡盆，他们甚至在石棺底部钻出了一个"塞孔"来排水。我们最感兴趣的是石棺上的装饰，它几乎就是土司茅斯三世石棺的翻版，后者生活在哈普曼所在时代的近一千年前。这意味着，古埃及晚期的工匠们或许能够进入国王谷中的国王陵墓，或者存在着一个有关当时设计的"图样册"作为中间媒介。

孟卡拉王（King Menkaure）的棺材

约公元前 664—前 525 年
木头，少量灰泥和颜料 · 长：1.6 米
来自吉萨，埃及
伦敦大英博物馆，英国

　　吉萨的金字塔是作为安全可靠的皇家陵墓修建的，但很可能在它们被封闭之后不久便被盗墓贼洗劫。这口棺材是理查德·霍华德·维斯上校（Colonel Richard Howard Vyse）于 1837 年发现的，他当年使用炸药，一路闯进了孟卡拉的金字塔。最初人们相信，这就是这位国王的原始墓葬。然而，棺材的形状和它上面铭文的形式说明，埋下棺材的真正年代是第二十六王朝。显然有人有礼貌地重新埋葬了这位国王，把他们认为属于孟卡拉王的全部人类残骸都葬进了他自己的金字塔中，尽管它已经惨遭劫掠。

卡里亚（Carian）石碑

约公元前 664—前 404 年

石灰岩·高: 63 厘米，宽: 31 厘米，厚: 10 厘米

来自塞加拉，埃及

伦敦大英博物馆，英国

在古埃及晚期，孟斐斯这座都城是多元文化社会的发源地。卡里亚人从西阿纳托利亚（Anatolia）来到埃及，成为埃及军队中的雇佣军。图中所示的石碑被发现于塞加拉，是许多不寻常的卡里亚式石碑的代表，许多石碑也像这块一样带有卡里亚文字。奥西里斯、伊希斯、阿皮斯和透特等埃及神祇都以某种非传统的方式出现在这座石碑上。石碑底部的区域展现了一个完全非埃及的场景，暴露了希腊艺术的影响：一位身穿华丽服饰的女性死者躺在一张床上，周围陪伴着男女哀悼者。

德赫德巴斯特修法卡德奥哈德（Djedbastetiuefankh）的棺材

约公元前 400—前 30 年
木头和颜料·长: 1.7 米
来自希本 (El-Hibeh)，埃及
希尔德斯海姆市罗默和佩里希亚斯博物馆，德国
(Roemer-und Pelizaeus-Museum, Hildesheim, Germany)

　　将尸体制作成木乃伊的过程是一个严格保守的秘密，对此过程的描述十分罕见。只有少数来自中埃及地区的墓葬棺材打破了这一规则，展示了将尸体转变为木乃伊的几个阶段，图中所示是其中一副棺材。棺材上的图案从下至上依次展现的是: 尸体经水洗并撒上泡碱，即一种含金属钠的脱水剂; 一批涂油防腐工作者在豺头（或者说戴着豺头面具）阿努比斯神的带领下走近尸体; 包裹好了的木乃伊受到阿努比斯神的关照，人们为木乃伊献上供奉。

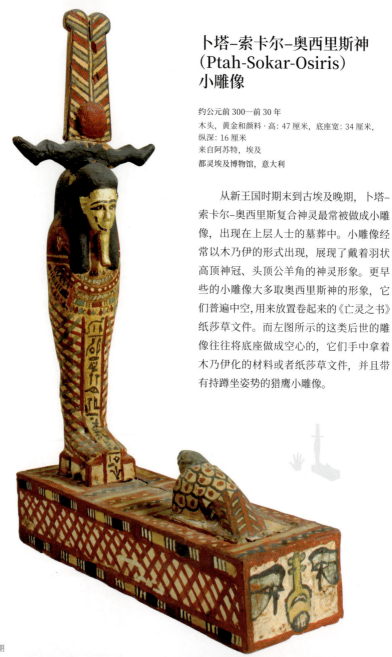

卜塔–索卡尔–奥西里斯神
（Ptah-Sokar-Osiris）
小雕像

约公元前 300—前 30 年
木头、黄金和颜料·高：47 厘米，底座宽：34 厘米，
纵深：16 厘米
来自阿苏特，埃及
都灵埃及博物馆，意大利

　　从新王国时期末到古埃及晚期，卜塔–
索卡尔–奥西里斯复合神灵最常被做成小雕
像，出现在上层人士的墓葬中。小雕像经
常以木乃伊的形式出现，展现了戴着羽状
高顶神冠、头顶公羊角的神灵形象。更早
些的小雕像大多取奥西里斯神的形象，它
们普遍中空，用来放置卷起来的《亡灵之书》
纸莎草文件。而左图所示的这类后世的雕
像往往将底座做成空心的，它们手中拿着
木乃伊化的材料或者纸莎草文件，并且带
有持蹲坐姿势的猎鹰小雕像。

霍鲁加（Horudja）
的沙伯替

约公元前 380—前 343 年
彩陶·高: 21.9 厘米, 宽: 6.2 厘米
来自哈拉, 埃及
曼彻斯特博物馆, 英国

　　有着如同印第安纳·琼斯（Indiana
Jones,《夺宝奇兵》系列影片的主角）那
般精彩经历的考古学家 W. M. 弗林德斯·皮
特里叙述了他清扫霍鲁加陵墓的过程: 为
了蹚过一片散发着刺鼻气味的水域, 他脱
掉了腰部以下的衣物, "而这时, 水中的颅
骨随着波浪上下浮动"。皮特里设法从女神
尼思（Neith）手下一位名叫霍鲁加的祭司
的石棺周围发掘了不少于四百个沙伯替小
雕像。这些沙伯替是晚期制造业的典范之
作, 是从至少十七个不同的模具中制造的,
这些模具的最终造型各有不同。尽管陵墓
中有水渗入, 大部有机物质都已损毁,
但一些护身符还是保存了下来。

普塔霍特普（Ptahho-tep）的石棺盖

约公元前 525—前 500 年
硬砂岩 · 高：2.1 米，宽：82.5 厘米
来自吉萨，埃及
牛津阿什莫林博物馆，英国

　　这口石棺是在吉萨的一个人称"坎贝尔之墓"（Campbell's Tomb）的竖井式深墓葬中发现的，是当时典型的人形石棺样本。这具石棺上有一张不合比例的大脸庞，微笑浮现在脸庞上，看上去很不符合埃及的规范。棺盖上刻着的铭文是《亡灵之书》的第七十二章，我们可以从中明白无误地看出当时人们对于再生抱有的认真态度。石棺的拥有者普塔霍特普是一位国库官员，他在大流士一世（Darius Ⅰ）统治下工作，这说明他所处的年代是波斯统治时期。

塔姆霍特普（Taimho-tep）石碑

公元前 42 年
石灰岩・高: 90.2 厘米, 宽: 44.2 厘米
来自塞加拉, 埃及
伦敦大英博物馆, 英国

　　埃及人直接提到死亡是极不寻常的现象，然而一个名叫塔姆霍特普的已逝女子却在这块石碑上留下了一段关于死亡的文字，令人心潮起伏。她哀叹着死亡状态，劝她的丈夫尽情享受生活。他很可能出钱让人修建了这样一座纪念碑，借此舒缓自己的愧疚感。我们可以准确地断定，这一石碑的年代为克娄巴特拉七世统治期间，石碑上还提到它就位于神祇化了的圣人伊姆霍特普的陵墓附近，这一点让人非常感兴趣，因为伊姆霍特普的陵墓还未被人发现。

罗马统治时期
约公元前 30—公元 395 年

罗马帝国在埃及

与之前的托勒密王朝一样，罗马帝国在埃及的统治者们尊重法老的传统，并把他们自己装扮为礼敬埃及诸神的仪式执行人。第 246 页的图示文物显示的是图拉真皇帝（Emperor Trajan，公元 98—117 年在位）在哈索尔女神位于丹德拉的神殿外向她敬献仪式物品。

公元前 31 年，马克·安东尼（Mark Antony）和克娄巴特拉在亚克兴角战役（Battle of Actium）中失利，这标志着埃及历史上的一个鲜明的转折点。尽管人们经常把这一事件浪漫化，但克娄巴特拉为她的国家捍卫自决权的努力是认真的。她最终被奥克塔维安（Octavian）打败，后者后来成为罗马皇帝奥古斯都（Emperor Augustus）。

此后，按照一个十分确定的模式，奥古斯都和他以后的各位罗马皇帝都以法老的样子展现自己：他们都是虔诚的埃及君主，神殿墙壁上的艺术品都在表现他们向各位神明敬献供品、执行祭祀仪式的场景。神殿祭司们是法老传统在实际上和精神上的坚决保卫者，所以与之前的托勒密王朝一样，罗马皇帝们做出了外交努力，与埃及的祭司们维持着良好关系，并支持继续开展建筑工作。尽管绝大多数罗马皇帝其实很少前往埃及，但今天许多前往希腊—罗马神殿的旅游者都会发现，这些罗马皇帝的形象与以前的国王形象并无区别。

与其他行省相比，埃及与罗马帝国之间有着更为特殊的关系。尽管作为"帝国的谷仓"，埃及被课以重税，但罗马人和他们之前的希腊人都把它视为一个充满了古老与秘密智慧的神秘王国。实际上，罗马人把许多法老的纪念碑运到了罗马，这可不是一项简单的工作，特别是考虑到运送过程中人

对罗马人而言，埃及有着特别的魅力。上面这张尼罗河流域的风景画是公元前100年左右在罗马附近绘制的，其中描绘了南至埃塞俄比亚（Ethiopia），北达地中海的埃及地域范围，并强调了尼罗河对于它沿岸的生命的重要性。在图画表现的场景中，法老的神殿与古典风格的建筑共存，其中混杂着各种野生动物与植被。

们需要跨过大海，这说明了埃及在文化上对于罗马人的重要性。的确，今天的罗马因为其土地上矗立的方尖石碑多于整个埃及而自傲。哈德良皇帝（Emperor Hadrian）似乎尤其对埃及一往情深，他为他在蒂沃利（Tivoli）的别墅收集了法老和埃及化的雕塑，甚至把他在尼罗河中溺死的情人安提诺乌斯（Antinous）神化为一位准埃及神（安提诺乌斯是哈德良的同性恋情人——译者注）。

有关准备死亡和期待来世的独特观点来自哈瓦拉的罗马墓地，该处距离法尤姆湖（Faiyum lake）不远。公元1世纪，这里的人们仍然将中王国时期的国王阿蒙涅姆赫特三世尊崇为神明。在距离他的金字塔不远的地方，英国考古学家W. M. 弗林德斯·皮特里发现了数目庞大的罗马木乃伊。在埃及处于罗马统治之下好多年后，制作木乃伊的活动仍在继续，尽管火葬似乎也在进行。皮特里在哈瓦拉发现了几十具木乃伊肖像画，人们使用了"法尤姆肖像"这一术语来称呼所有这些画，尽管它们是在罗马统治下埃及的不同地点发现的。这些令人震惊的蜡画（encaustic paintings）是用色素和热蜡的混合物画成的，人们经常因为其强烈的感染力而心醉神迷。皮特里在哈瓦拉找到了证据，说明这些画像可能是先挂在墙壁上的，然后才被切下来，放到死者的脸上，这些画像一般带有精致的镶边。在木乃伊上，除了时兴的罗马样式之外，木乃伊的绷带有时还带有传统的法老墓葬象征手法，这说明罗马人正在为自己的来世同时在两边买保险，这样一来，无论死后可能会碰到什么情况，他们都有从容应对之法。木乃伊的陪葬物品似乎很少，在被埋葬之前，人们似乎把它们存放在活人居住的房屋中。

这些肖像的细节表明，其中有一些男子是战士，这说明，在他们结束了南征北战的服役期之后，有些罗马士兵被送到埃及养老。罗马统治下埃及的生活细节见于纸莎草文件，其中还有国内动乱的记录。皮特里在哈瓦拉发现了许多纸莎草文件，比如一些文学作品的一部分，如荷马的史诗《伊利亚特》；他甚至打开了木乃伊化的鳄鱼，希望能够发现其他文件的样本。与此类似，中埃及的奥克西林克斯（Oxyrhynchus）遗址提供了数量庞大的纸莎草文件，人们可以利用它们重现罗马统治下的埃及人生活。在法尤姆附近的卡纳尼斯（Karanis）遗址的发现为人们提供了纸莎草文件，而且，那里残存的重要居住地建筑与这些文字资料有着相辅相成的作用。

罗马的统治结束于公元 394 年，与在菲莱（Philae）的伊希斯神殿内已知最后的象形文字铭文吻合。到了这个时候，埃及已经基本上成了一个基督教国家，结束了埃及人几千年来对于多个神祇的崇拜。尽管如此，许多法老时代的社会习俗并没有随着异教信仰的死亡而终止，而是一直持续进入了后世。

在罗马统治下的埃及，持续存在的木乃伊墓葬与传统的物质与技术结合，但死者的代表物与法老时代有所不同。人们用油画肖像表现死者，展现出他们在活着的时候希望有的样子。经济实力雄厚的人仍然在使用黄金。

玩具马

约公元前 100—公元 300 年
木头·高: 11.5 厘米，长: 15.7 厘米
来自古罗布，埃及
曼彻斯特博物馆，英国

人们很少能够肯定地将某件来自古代的物品鉴定为儿童玩具。有关儿童的现代观念影响了我们对那些看上去粗糙或者孩子气的物品的解释，但这些印象可能会误导我们。即使它们看上去并不是精致的物品，但也无法就此排除它们可能具有未知的宗教或者仪式用途。

在法尤姆地区，几个罗马时期定居点内的几项发现意义重大，因为它们来自生者居住的地方，而不是来自死者的坟墓，它们也可能是即将用来敬神的东西，但能说明"日常生活"的一些情况。图中所示是一批做工相对粗糙的马，是已知的几件没有明显宗教功能的物品之一，但我们能够拉着它走，这说明了人们当时使用它的目的。人们在马的脖子上穿了一个孔，可以在那里穿上绳子，这样就可以拉着它，让马靠轮子走。轮子通过轮轴上的木头销子固定，这样便不会脱离轮轴。在马的右边有三组用刀刻出来的线，很可能是在模仿动物活着的时候会出现的胸廓。马或许与战争和军事行动有关，或者可能与特洛伊木马的故事有关，当时的罗马社会很熟悉这个故事。

在埃及，从新王国时期以来人们就知道马了，它们在纪念碑浮雕上出现时，经常与战争或者军事行为有关。

写字板

约公元前 100—公元 300 年
木头·长: 14.5 厘米, 宽: 7.5 厘米
来自奥克西林克斯, 埃及
曼彻斯特博物馆, 英国

如同在法老时期一样, 在罗马统治下的埃及, 会写字的人非常少。这块木板是书写行为的证据, 或许也是有关教学行为的证据。木板上有浅浅的压痕, 压痕曾被人用蜡填满, 至今痕迹犹在。人们用铁笔在蜡上刻出字迹, 也可以很容易地将其抹去或者修改。木板上有孔, 说明它原来带有木质覆盖物, 用以保护写在上面的东西。在奥克西林克斯遗址, 人们发现了一个重要的希腊—罗马时期纸莎草文件的存储地, 其中有些文件可能就是用这个写字板起草的。

蛇形手镯

约公元前 100—公元 200 年
黄金·直径：7.2 厘米
来自埃及
洛杉矶盖蒂博物馆，美国

女演员伊丽莎白·泰勒（Elizabeth Taylor）为克娄巴特拉塑造了光艳照人的现代形象，这一形象受到了如下图所示的这类珠宝的影响，类似的手镯图案也曾被描画在了妇女的木乃伊面具覆盖物上。蛇是皇家权力与保护的象征。蛇危险的方面可以被用来对抗邪恶，而且人们相信，它会向法老的敌人喷射火焰和毒汁。在托勒密王朝晚期和罗马统治时期，非皇家成员也因为它们的感知效力而在墓葬习惯中借用了这样的皇家特权。

箍状耳环

约公元前 100—公元 200 年
黄金 · 高：2.1 厘米，宽：1.8 厘米，纵深：1 厘米
来自埃及
洛杉矶盖蒂博物馆，美国

  尽管有某些证据说明，法老时期的埃及男人也佩戴耳环，特别是新王国时期的国王，但根据文物记载和分析，到了罗马统治时期，只有女人才戴耳环。这些箍状耳环以羚羊头为其一端，这是在近东地区普遍存在的图案。每个箍中都包含一截缆线，金属丝就缠绕在缆线上。羚羊的眼眶里可能曾经装有镶嵌物。类似的箍状耳环曾出现在罗马统治时期的哈瓦拉，也曾出现在其他法尤姆墓葬中的木乃伊油画和木乃伊盒的女性面具上。

衣服

约公元300—400年

亚麻布和羊毛·高: 1.7米, 宽: 1.4米
来自艾赫米姆（Akhmim），埃及
纽约市大都会艺术博物馆，美国

衣物能够幸存的主要原因是，死者是穿着他们最好的衣服下葬的，在罗马统治时期尤其如此。没有人尝试把穿着这样衣服的尸体制造成木乃伊，而在墓葬中原来穿着这些衣服的人类遗骸经常被挖掘者抛弃，他们更喜欢保留那些纺织品。下图中所示的这件文物朴实无华，上面带有装饰性的带状物，人称钉胼（Clavi），这些钉胼带有葡萄叶子的纹样和交错的图案；构成正方形装饰图案的是正在舞蹈的武士，他们很可能与希腊的酒神狄俄尼索斯有关。这些异教徒主题很快就被基督教的图案取代了。

网眼法编织的帽子

约公元 400—600 年
羊毛·高: 42 厘米, 宽: 28 厘米
来自拉罕, 埃及
曼彻斯特惠特沃斯艺术画廊, 英国 (Manchester Whitworth Art Gallery, Manchester, UK)

　　在基督教时期的埃及, 让死者身穿全套衣服下葬是很普遍的。在古典时代晚期, 妇女很喜欢佩戴的衣饰是帽子或者头罩。这些东西或许起到了发网的作用, 它们经常是用颜色非常鲜艳的羊毛或者亚麻布做的, 要么被做成长方形 (如上图所示), 要么被做成锥形。有关制作方法方面的争论颇多, 但大多数人认为, 制造者使用了一种叫作网眼编织法的技术。这是一种结绳方法而不是针织方法, 能够制作有弹性的织物, 很适于覆盖头发。

塞拉皮斯神（Serapis）的银胸像

约公元 100—200 年
白银·高: 15.6 厘米，直径: 9.5 厘米
来自埃及
纽约市大都会艺术博物馆，美国

　　随着希腊托勒密王朝的到来，一个新的神祇统领着埃及诸神：塞拉皮斯，一尊结合奥西里斯、阿皮斯和狄俄尼索斯而成的神。这个融合了多元文化的神祇对埃及人和希腊人都有吸引力。他的形象是一个留着长胡须、长发卷曲的男子，头顶上还放着一个粮斗，但在这幅图（第 258 页）中不见了。在罗马统治期，对于塞拉皮斯的崇拜在埃及变得受众颇多。他的主要祭仪中心位于亚历山大港的塞拉皮雍（Serapeum），直到大约公元 389 年被基督教徒摧毁。

一位皇帝的胸像

约公元 14—20 年
绿色碧玄岩·高: 47 厘米, 宽: 30 厘米, 纵深: 24 厘米
来自埃及
伦敦大英博物馆, 英国

　　这座震撼人心的胸像（见第 261 页图）很可能表现的是日尔曼尼库斯皇帝（Emperor Germanicus），他在公元 19 年死于安条克（Antioch），之前不久他访问了埃及。通过在纪念碑身上凿出十字架，许多法老时期和罗马统治时期的纪念碑都在后来被基督教化了。这座胸像的面部遭到了有意破坏，而不是意外损伤。它的鼻子、右耳朵和脖子被砍坏了，前额上也被人刻上了一个十字架，这差不多是在对这座异教徒雕像实施驱魔仪式。这些行为或许并不是在同一时期发生的。

作为一位罗马战士
的荷鲁斯

约公元 1—200 年
石灰岩·高：54.5 厘米，宽：31.8 厘米，纵深：25.8 厘米
来自埃及
伦敦大英博物馆，英国

在罗马统治时期，一些埃及神祇被人穿上了非埃及的服装，表现成能够吸引来自不同文化的人的样子。猎鹰头神祇荷鲁斯总是与胜利和军事上的成就有关，因此他身穿罗马战士的服装出现，看上去就是理所当然的了。他在图中（见第 263 页图）所示的文物中持坐姿，两腿随意分开，做出一个地位尊崇的希腊—罗马神祇应有的姿态。猎鹰的面部极其逼真，上身的鳞甲式盔甲活像一头猎鹰的羽毛。

男性生殖器形长颈瓶

约公元 100—200 年
玻璃·长：10 厘米，宽：3.2 厘米
来自哈瓦拉，埃及
伦敦皮特里埃及考古博物馆，英国

在罗马统治的埃及，吹玻璃是这一时期广为人知的一项技艺，而且在法尤姆地区，有数量相当多的一批玻璃器皿从罗马统治时期流传了下来。敏、贝斯和奥西里斯等神祇与生育仪式有关，自法老时代以来，他们经常被形象化为男性生殖器。图中所示的这个男性生殖器状长颈瓶是人们在哈瓦拉的一位年轻女子的坟墓中发现的，当时一起被发现的还有其他一些与性或者生育有关的象征性物品。因此，放入这个男性生殖器的目的是促进死者在后世的重生。

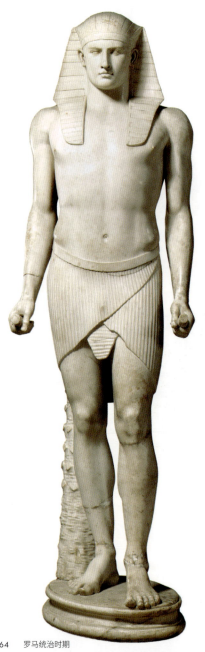

安提诺乌斯的塑像

约公元 131—138 年
大理石·高: 2.4 米, 宽: 77 厘米, 纵深: 79 厘米
来自哈德良皇帝的别墅, 蒂沃利, 意大利
罗马梵蒂冈博物馆, 意大利

　　安提诺乌斯是罗马皇帝哈德良（公元117—138 年在位）的年轻恋人。公元130年, 安提诺乌斯突然在尼罗河中溺死。此后, 这位皇帝在他溺水的地方附近建立了安蒂诺波利斯（Antinopolis）城。人们把安提诺乌斯比作溺水而死的奥西里斯神, 而前者也被神祇化为奥西里斯–安提诺乌斯。图中所示的安提诺乌斯头戴法老头饰, 身穿短裙。这一祭仪在帝国内迅速传开了, 特别是在哈德良统治的最后几年。我们已发现了大约一百个安提诺乌斯的古代雕像, 这个"男同性恋神"的偶像地位已经对现代产生了深刻影响, 人们围绕他创造了无数种艺术表现形式。

奥西里斯提水罐

约公元 1—100 年
青铜·高: 9.2 厘米, 宽: 3.9 厘米
来自埃及
耶路撒冷以色列博物馆, 以色列 (Israel Museum, Jerusalem, Israel)

　　奥西里斯神与在来世为死者提供的茶点有关。在罗马统治时代, 人们经常把顶部带有人的头部形象的罐子叫作奥西里斯提水罐。这种罐子最初的作用是在祭祀中装盛奠酒, 有独特的风格和一些埃及特色, 如一分为三的假发、作为蛇神标志的眼镜蛇、长胡须和高高的羽毛神冠。这些器皿与尼罗河三角洲的卡诺珀斯 (Canopus) 地区文化结合, 结果产生了另一个术语——"奥西里斯卡诺珀斯"。这个复合词又衍生出了"卡诺珀斯罐"这个术语, 该术语是对较早时候的另一种容器的命名, 它们被用来保存一些内脏, 以及人或动物的头部。

阿努比斯的塑像

约公元 100—138 年
大理石·高：1.5 米，宽：50 厘米
来自蒂沃利，罗马，意大利
罗马梵蒂冈博物馆，意大利

对于罗马人来说，在动物与人混合而成的埃及诸神中，豺头神祇阿努比斯是特别不寻常的一尊。有些罗马人嘲笑这类复合神祇的概念。诗人尤维纳利斯（Juvenal）曾语带讽刺地问："谁知道有哪些怪物没有让埃及的崇拜走向疯狂？"在图中（第267 页）所示的阿努比斯的头顶上，人们为他提供了一个太阳圆盘，这是对这位神祇的一种希腊—罗马式的润色。然而他的身上却穿着属于智神墨丘利（Mercury）的罗马服饰，这是人们对他的身份认定。这座塑像来自哈德良在蒂沃利的别墅，它在那里与一些真正的古埃及文物一起展出。

日晷护身符

公元前 100—公元 200 年
木头·长：9.8 厘米
来自麦罗埃，苏丹
利物浦加斯唐考古博物馆，英国

这件物品形如一座神殿桥塔，在门廊上方是带有翅膀的太阳圆盘的局部。众所周知，这样的桥塔可以作为法老时代神殿的正面，但麦罗埃建筑也广泛地模仿了这一特点。桥塔下面的半圆采用了人们自新王国时期就一直知道的"日晷"的形状。这个日晷被分成十一个部分，而不是通常用来代表白天与晚上各十二个小时的十二个部分。它很可能是一个护身符，没有什么实用价值，我们无法准确判断其确切含义。

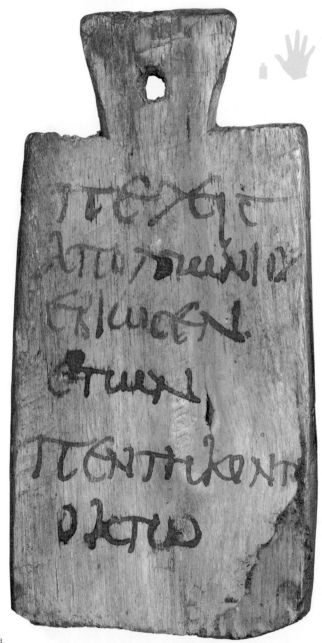

木乃伊标签

公元前 30—公元 395 年
木头和墨·宽: 6.2 厘米,
高: 10.2 厘米, 纵深: 1.2 厘米
极可能来自栋加拉 (Dongala), 苏丹
纽约市布鲁克林博物馆, 美国

在罗马统治时期, 墓葬的准备阶段发生了变化, 死者的名字通常不会出现在一个木乃伊尸体的装饰上, 这就让使用木头标签表明木乃伊身份这一方式普及开来。这样做既实际, 又为永生提供了带有魔力的身份认定。这件文物 (见第 268 页图) 上既有希腊文又有世俗埃及文。希腊文本对于这位死者的记录是 "荷鲁斯, 普森蒙西斯 (Psenmonthes) 之子, 石匠"。覆盖面更广的世俗文字则不但将死者的名字陈述为 "荷鲁斯, 普森蒙西斯之子", 而且还进一步点明了他的职业是 "伊姆霍特普的石匠和祭师"。

骨灰坛

约公元 1—200 年
彩陶·高: 23.1 厘米, 直径 (坛口): 19 厘米
来自埃及
底特律艺术学院, 美国 (Detroit Institute of Arts, USA)

对于古埃及人来说, 焚烧尸体的想法简直大逆不道, 但火葬在罗马人的殡葬中却很普遍。这一习俗是由罗马人引入埃及的, 但埃及人同时还在使用传统的木乃伊殡葬方法。人们用如右图所示的上釉容器盛放骨灰, 这件文物上带有一种不寻常的螺旋形装饰, 很可能是在模仿玻璃。孟斐斯有一个叫作克姆赫鲁尔 (Kom Helul) 的地区, 那里堆积的玻璃窑和玻璃废品让罗马统治时期的玻璃加工行业广为人知, 而这个容器可能就是从那里来的。

墓葬花环

约公元 100—200 年
来自植物物料 · 高: 35 厘米,
宽: 25 厘米
来自哈瓦拉, 埃及
伦敦大英博物馆, 英国

古埃及人认为, 植物和花朵的生长对于再生具有深刻的意义, 这种想法一直延续到罗马统治时期。第 271 页图中这个精心捆扎的花环使用的原料是一种叫作不谢之花 (Helichrysum stoechas) 的花卉品种, 原产于意大利与希腊, 这种或许从古至今都被人称为 "永生花" 的花朵, 其含义是非常适宜的。人们通常把与它非常类似的花环染成粉红色, 代表木乃伊盒中被层层覆盖的木乃伊手中紧握之物。易于凋谢的花朵的残留物和许多希腊—罗马木乃伊一起被保存了下来, 说明了它们在墓葬中的重要性。

殡葬面具

约公元 100—120 年
灰泥, 亚麻布和颜料 · 高: 68 厘米, 宽: 39 厘米
极有可能来自梅厄 (Meir), 埃及
伦敦大英博物馆, 英国

有很多中埃及的上层人士喜欢这类灰泥面具。这件文物与来自梅厄的一组面具非常相像, 它们可能来自同一家工坊。尽管不是一幅肖像, 但这张面具展现了一副栩栩如生的明丽面孔。面具上的女子似乎仰面平躺在尸体架上, 她的头发上戴着一个花环, 她的首饰包括一个带有翅膀的圣甲虫, 她的两侧有法老时代的墓葬神祇拱卫。裸露的乳房强调了她的性别和性特征, 这是再生的催化剂。

双面木乃伊肖像

约公元 110—120 年

木头和颜料·高: 41 厘米, 宽: 32.5 厘米

来自哈瓦拉, 埃及

曼彻斯特博物馆, 英国

直到进入罗马统治时期好多年后, 上层埃及人的尸体被做成木乃伊的习俗仍在延续。正如 CT 扫描揭示的那样, 这时的人们很少去除内脏, 说明他们更注重木乃伊的外表而不是其内部。一些罗马统治时期的木乃伊不再用木乃伊面具来展现死者完美的形象, 而是根据罗马传统, 用油画方法绘制肖像, 以此代表人的面部, 尽管这或许仍然代表着死者的理想化形象。

图中 (第 273 页) 所示的是一个男子的双面肖像成品, 在背面有一个更为粗糙 (一部分似乎被擦掉了) 的速写, 应该代表的是同一个人。两幅肖像上的发型说明, 它的创作年代在图拉真和哈德良的统治之间, 这幅肖像是和数以百计的其他肖像同时被发现的, 发现地点是法尤姆湖附近的哈瓦拉, 它们被置于罗马统治时期重要的大墓场上。这幅肖像当时被固定在墓场中的一具木乃伊上。尽管身上带有肖像的木乃伊的比率较低, 但那些保存下来的肖像质量较高, 被统称为"法尤姆肖像"。详细的证据说明, 十九世纪八十年代后期, 人们曾在伦敦皮卡迪利的埃及厅 (Egyptian Hall in Piccadilly, London) 举办过一次法尤姆肖像展, 作家奥斯卡·王尔德 (Oscar Wilde) 参观了展览, 并可能由此受到启发, 创作了题为《道林·格雷的画像》(The Picture of Dorian Gray, 1890 年) 的小说。

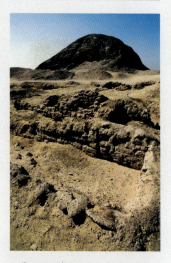

阿蒙涅姆赫特三世的金字塔赫然耸立在哈瓦拉的风景之中, 或许吸引了罗马统治时期的许多人来此下葬, 他们希望能与这位如同神祇一般被人尊敬的古代国王搭上关系。

一位少年的
木乃伊肖像

约公元 150—200 年
木头和颜料·高: 20.3 厘米,
宽: 13 厘米
极有可能来自哈瓦拉, 埃及
马里布盖蒂别墅, 美国 (Getty
Villa, Malibu, USA)

这幅肖像上的孩子梳着少年惯常会有的垂在头侧的发辫, 他在发辫上插了一个金色的别针。在罗马统治时期, 这样的发型男女都可以梳, 梳这种发型的人崇拜女神伊希斯。这个无名男孩的不寻常之处在于, 他的额头上也留着两撮头发, 这可能是一种驱走重病的仪式性剃发, 但这幅肖像还是出现在我们眼前, 说明这个仪式没有效果, 他还是因病去世了。他的上衣上有一条紫色窄带 (Clavus), 这说明他的父母非常富有, 他们有足够的金钱, 能够请人为他画这样一幅肖像。

两兄弟的棺材

约公元 175—200 年
木头和颜料·长: 1.2 米, 宽: 55 厘米
来自底比斯, 埃及
苏格兰国家博物馆, 爱丁堡, 英国

　　这副独特的双人棺材是为埋葬两个幼童——皮塔蒙和彭霍巴比克（Petamun and Penhorpabik）准备的。人们在棺材里面发现了用金叶子覆盖的属于这两个孩子的木乃伊, 他们或许是因为罹患了同一种病去世的。尽管没有什么能说明他们之间的关系, 但他们很可能是同父异母的兄弟。他们的不同母亲的名字出现在铭文中。在棺材盖上, 人们将这两个男孩展现为神圣的存在, 他们携带着皇家的权杖。在槽的底部有女神努特的两幅画, 每幅画各自保护一个男孩。女神穿着罗马人的衣服, 但在头部上方用象形文字书写着她的名字。

词汇表

Akh：享有祝福的死者受到的精神影响；最像"鬼魂"这个术语所表达的意思（该词并未在正文中出现，只出现在此处——译者注）。

Amarna 阿马纳：国王阿肯那顿创建的城市的现代名字，常用于概述他的统治。

Amulet 护身符：保护性物品，由活人佩戴或者供死者使用。

Amun 阿蒙神：从大约公元前1500年以来成为埃及主神的底比斯神。

Ankh 代表生命的"T"形十字：环状的十字象形符号，意思是"生命"。

Anubis 阿努比斯：大墓场中豺（头）的神祇，他在制作木乃伊时扮演关键角色。

Apis 阿皮斯：神牛，人们相信它是孟斐斯神卜塔的生命形式。

Aten 阿顿：几乎完全由阿肯那顿一手造就的神祇，直观形象是一个太阳圆盘，从圆盘中放射的光芒在人的手上结束。

Ba：死者的运动的精神，直观形象是一个鸟身人头的存在，可以离开陵墓（这个词只出现在词汇表——译者注）。

Barque 神座三桅船：用于运输神祇塑像或者皇家塑像的圣船。

Book of the Dead《亡灵之书》：墓葬文献，是一个咒语集合，目的是成为死者走向来世的通行证和在来生的指南。

Canopic jar 卡诺匹斯罐：一套四个容器之一，带有人形或动物形状的盖子，作用是保护死者木乃伊化的内脏。死者在来世将会需要它们。

Cartonnage 木乃伊盒子：由多层亚麻布或者纸莎草与灰泥做成的物质。

Cartouche 椭圆形轮廓：在国王的名字周围画出的环，用以为此人提供魔法保护。也经常出现在王后的名字周围。

Cippus 纪念石碑：带有治愈力的塑像或者护身符，上面展现的通常是荷鲁斯神。

Deir el-Bahri 德尔巴赫里：因门图霍特普二世和哈特谢普苏特女王的神殿而闻名的地区，人们在第三中间期和晚期大量重新使用这里的陵墓。

Deir el-Medina 德尔麦迪那：为安置受雇于国家、从事采石与装饰国王谷皇家陵墓的工人们而建设的城镇，在罗马统治时期作为公墓重新使用。

Encaustic 蜡画法：罗马统治时期的一种油画技术，将色素与热蜡混合，以产生栩栩如生的效果。

Faience 彩陶：通过煅烧陶土、石英和上色剂（通常是一种铜的化合物）的混合物生产的上釉陶器，这种工艺可以产生与众不同的蓝色。

God's Wife 神的妻子：一些皇家妇女拥有的宗教头衔，与对阿蒙神的崇拜有关。

Heb-sed 狼神节：仪式庆典或者"三十年欢庆"，庆祝某位法老的三十年统治期满。

Hieratic 僧侣体：象形文字的手写形式，用于书信或者其他文件。

Hieroglyphic 象形文字：用图形符号表示的纪念碑文字，用于官方正式铭文。

Ibis 朱鹭：长腿涉禽，因与智慧和书写之神透特相关而成为圣禽。

Ka 灵魂：死者存身其中的精神，概念化为魂魄或"翻版"，栖息在陵墓或神殿中。

Kush 库什：埃及以南的一个地区，位于现今苏丹北部；是第二十五王朝统治者们的故乡。

Mastaba 斜纹坟墓：一种纪念碑坟墓，通常年代为旧王朝时期或者中王国时期，来自阿拉伯词"板凳"。

Memphis/Memphite 孟斐斯：法老时代大多数时候的国王主要住处和政府所在地。

Mummiform 以包裹着的木乃伊为形状的人形物体，用于代表死者和神祇。

Natron 泡碱：钠的化合物，用于在木乃伊化过程中为尸体脱水。

Nemes 法老头饰：带有条纹的独特头巾，只能由法老佩戴。

Nubia 努比亚：埃及以南地区的统称，来自术语"黄金"。

Osiris 奥西里斯神：再生之神，也是整个法老时期埃及诸神中的主神。

Ostracon 石片：片状石灰岩或陶器碎片，用于书写或者绘画的表面。

Papyrus 纸莎草：形如纸张的物质，用于书写，由纸莎草植物茎秆的薄条制得。

Pectoral 绕着脖子佩戴的胸饰。

Pharaoh 法老：从新王国以来埃及国王的头衔，来自埃及术语"大房子"或者"宫殿"。

Ramesseum 拉美西斯二世葬祭殿：专用于祭祀拉美西斯二世的神殿，位于底比斯地区尼罗河西岸。

Sarcophagus 石棺：盛放尸体或者死者棺材的石质容器。

Scarab 圣甲虫：对埃及人而言极为神圣的食粪甲虫(Scarabaeus sacer)，即"蜣螂"，它们与重塑以及再生有关。

Serdab 地下室：坟墓中的封闭小室，用于盛放死者的塑像。

Shabti 沙伯替：木乃伊形式的仆人，持工具，为来世的死者从事农活。

Stela 碑：刻有铭文的石板或者木板，通常用于纪念某个人、事件或者某项陈述。

Uraeus 蛇神标志：表现为一条或多条眼镜蛇，戴在国王、女王或者神祇的额头上。

Vally of the kings 国王谷：约公元前1500—前1100年的皇家大墓场，位于底比斯。

Wedjat 维阿杰特女神：即荷鲁斯神的眼睛，是完整、治愈和保护的符号。

索引 （加粗处为相应图片的页码）

博物馆索引

图片出处说明

书中的每张图片均在图片说明中列出了相应的博物馆。对于各博物馆的慨允，作者在此表示衷心感谢。

12 Ashmolean Museum, University of Oxford, UK/Bridgeman Images 14 Peter Horree/Alamy Stock Photo 15 Mike P Shepherd/Alamy Stock Photo 17 The Petrie Museum of Egyptian Archaeology UCL 18 Photo by Jeremy Jowell/Majority World/UIG via Getty Images 18-19 Manchester Museum, University of Manchester 20 Manchester Museum, University of Manchester 21 Museum of Fine Arts, Boston, Massachusetts, USA/ Emily Esther Sears Fund/ Bridgeman Images 22 © Michael C. Carlos Museum, Emory University. Photo by Bruce M. White, 2008 23 © 2017. Museum of Fine Arts, Boston. All rights reserved/Scala, Florence 24 © The Trustees of the British Museum 25 Courtesy of the Oriental Institute of the University of Chicago 26 Manchester Museum, University of Manchester 27 Ashmolean Museum, University of Oxford, UK/Bridgeman Images 28 Photo by Werner Forman/Universal Images Group/Getty Images 29 Photo by Werner Forman/Universal Images Group/Getty Images 30 Photo by Werner Forman/Universal Images Group/Getty Images 31 © The Trustees of the British Museum 32 Photo © Musée du Louvre, Dist. RMN-Grand Palais/Georges Poncet 33 Brooklyn Museum of Art, New York, USA/Charles Edwin Wilbour Fund/Bridgeman Images 34 Fitzwilliam Museum, University of Cambridge, UK/Bridgeman Images 35 Photo: Juergen Liepe © 2017. Photo Scala, Florence/bpk, Bildagentur fuer Kunst, Kultur und Geschichte, Berlin 36 Ashmolean Museum, University of Oxford, UK/Bridgeman Images 37 Ashmolean Museum, University of Oxford, UK/Bridgeman Images 38 National Museum of Antiquities, Leiden 39 World Museum, National Museums Liverpool/ Bridgeman Images 40-41 The Metropolitan Museum of Art, New York/Rogers Fund, 1919 41 Photo by Xavier ROSSI/Gamma-Rapho via Getty Images 43 © 2017. Photo Scala, Florence/bpk, Bildagentur fuer Kunst, Kultur und Geschichte, Berlin 44 Photo by DEA/G. DAGLI ORTI/De Agostini/Getty Images 46 Photo by DEA/G. DAGLI ORTI/De Agostini/Getty Images 47 Photo By DEA/A. JEMOLO/De Agostini/Getty Images 48 Museum of Fine Arts, Boston, Massachusetts, USA/Harvard University - Museum of Fine Arts Expedition/Bridgeman Images 49 Photo by DEA/A. JEMOLO/De Agostini/Getty Images 50 © 2017. Photo Scala, Florence/FMAE, Torino 51 © 2017. Museum of Fine Arts, Boston. All rights reserved/Scala, Florence 52 Photo by Prisma/UIG via Getty Images 53 Photo by DEA/G. DAGLI ORTI/De Agostini/Getty Images 54-55 © 2017. DeAgostini Picture Library/Scala, Florence 56 Egyptian National Museum,

致谢

深切怀念乔伊斯·普赖斯和特雷西·罗杰（Joyce Price and Tracey Rodger）。

在此我要深深感谢"精萃出版公司"（Quintessence）的伊丽莎白·贝达斯（Elspeth Beidas），是她让我参与了"口袋博物馆"这一项目。我也十分感谢汉娜·菲利普斯和凯特·邓肯（Hannah Phillips and Kate Duncan），她们在本书出版的各个阶段孜孜不倦地为之工作。戴维·迈克尔·史密斯（David Michael Smitht）有很多天才想法，向我提出了大量建议。我曾与许多同事和朋友就本书展开讨论，他们让我发现了多种选择，为我提供了有益的评价。最后，我一如既往地向戴维·约瑟夫·罗珀（David Joseph Roper）的一切支持表示衷心感谢。

关于封面

奈费尔提蒂的胸像，约公元前 1352—前 1336 年，柏林埃及博物馆。

图书在版编目(CIP)数据

口袋博物馆. 古埃及 / (英)坎贝尔·普赖斯著 ；
李永学译. -- 上海：上海文化出版社，2020.5
ISBN 978-7-5535-1805-3

Ⅰ. ①口… Ⅱ. ①坎… ②李… Ⅲ. ①文物—介绍—
埃及—古代 Ⅳ. ①K86

中国版本图书馆CIP数据核字 (2019) 第 234205 号

著作权合同登记号 图字：09-2019-878 号

出 版 人：姜逸青
选题策划：联合天际
责任编辑：赵光敏
特约编辑：徐立子　吴昱璇
封面设计：刘彭新
美术编辑：王颖会　梁全新

书　　名：口袋博物馆·古埃及
作　　者：坎贝尔·普赖斯
译　　者：李永学
出　　版：上海世纪出版集团　上海文化出版社
地　　址：上海市绍兴路7号　200020
发　　行：未读（天津）文化传媒有限公司
印　　刷：北京利丰雅高长城印刷有限公司
开　　本：889×1194　1/32
印　　张：9.25
版　　次：2020年5月第一版　2020年5月第一次印刷
书　　号：ISBN 978-7-5535-1805-3/K.207
定　　价：75.00元

关注未读好书

未读 CLUB
会员服务平台